比べてわかる！

フロイトとアドラーの心理学

JN284076

和田秀樹

青春新書
INTELLIGENCE

はじめに

最近になって、精神療法（臨床心理士の人はこれを心理療法と呼びます）といわれる心の治療に関心が高まっています。

うつ病の薬の深刻な副作用（自殺のリスクを高めたり、附属池田小事件や秋葉原通り魔事件などの重大事件の犯人たちが服用していたように、攻撃性を高めるリスクが指摘されている）の問題が明らかになったことや、虐待やストーカー事件が目立つようになってパーソナリティ障害が問題になっていることなどが背景にあるのでしょう。東日本大震災のような大災害、いじめやパワハラ・セクハラなど、トラウマ的な出来事の後遺症としてのＰＴＳＤに注目が集まっていること、そして、平成24年以降、やっと年間３万人を切ったものの、それでも自殺は先進国でトップレベルにあることなども挙げられると思います。

実際、現代型の精神療法とされる認知療法・認知行動療法が、平成22年から健康保険の適用になりました。長年、精神分析を勉強し、３年間、アメリカの精神医学校に留学した私の実感でも、心の治療への関心が、こんなに高まっているのは初めてのような気がします。この20年ほど、薬の治療一辺倒だった日本の精神医学界（現実に80も大学の医学部があるのに、精神科の主任教授が精神療法の専門家である大学は一つもありません）も、多少は様変わりしているようです。

このように心の治療に注目が高まってきても、実際のところ、多くの人は、心の治療とは何なのか、どのようにして人の心の病が治るのかについては、よくわからないという人がほとんどではないでしょうか？

最近は、その手の教育を大学であまり受けていないこともあって（もちろん、薬の使い方などは学ぶのでしょうが）、精神科医でさえ、よくわかっていない人が多いようです。

心の治療全般について、一冊の本で語るのはかなり無理のあることなので、今回は、心の治療の源流となる二人の偉人の理論を比べながら、現在にどうつながっているのかを考えてみることにしました。

それがジグムント・フロイトとアルフレッド・アドラーです。

フロイトの理論については、きちんと答えられる人は少ないかもしれませんが、その名前を知らない人はいないでしょう。いわずと知れた、無意識の発見者といえる人です。

一方のアドラーは、弟子の多くがナチの強制収容所で亡くなった（殺された）こともあって、その名が忘れかけられていましたが、劣等コンプレックスの概念の創始者と聞けば、その後の心理学にいかに大きな影響を与えたのかが理解できると思います。

実際、患者の治療だけでなく、子どもの教育にも熱意を注いでいたアドラーは、人間性心理学の源泉といわれ、欲求階層論（生理的欲求から自己実現の欲求まで、人間の欲求を五段階で理論化したもの）のアブラハム・マズローや、カウンセリングの父カール・ロジャーズ、交流分析の父エリック・バーンに強い影響を与えたとされ、また、自己啓発の父ともいえるデール・カーネギーも影響を受けているといわれます。

認知療法を創始したアーロン・ベックは、フロイト派の精神分析学者として出発しながら、アドラー派のトレーニングを受けて、実際にその理論はアドラー派のものに近い上、フロイトの精神分析とは決別したことも知られています。

少なくとも、現代の心の治療を知る上で、二人の理論を比較することは大いに役立つと信じています。

本書を、教養としてだけでなく、自分の心を知り、それを元気にする上で役立てていただければ、著者として幸甚この上ありません。

目次

はじめに　3

序章　〝役に立つ〟心理学へ
――なぜ今、アドラー心理学なのか　15

心理学の二つの大きな目的　16
その違いは「どんな心」を扱うか　17
「心」を対象にするか、「脳」を対象にするか　19
「心は脳にある」のカン違い　20
それはコンピュータにたとえるとわかりやすい　21
もともとは宗教の領域だった臨床心理学　23

フロイトの不器用さが幸いして生まれた「精神分析」 24
心理学、精神医学を超えた影響 26
現代人にフロイトの精神分析が有効ではなくなった理由 27
「何のため」にその行動を起こしたか 29
「原因論」から「目的論」へ——現在の心理療法の主流 30

1章 二つの心理学の出会い
——共同研究者としてのフロイトとアドラー 33

「コンプレックス＝劣等感」を定着させたアドラーだったが 34
フロイトの『夢判断』を高く評価したことがきっかけ？ 36
アドラーとユングを重用したフロイト 39

心は「意識・前意識・無意識」の三層構造――局所論モデル　41
無意識に押し込めたのは「事実」とは限らない？　45
当時としては画期的だった「性欲」の発見　48
「エス・自我・超自我」の構造論へのモデルチェンジ　50
自我を鍛えて強い心をつくるには　53
研究者の体験・主観が理論に影響を与える？　54
フロイトとアドラー理論の根本的な相違　57

2章　ぶつかる心理学――そして、みなフロイトから去っていく？　61

ダーウィニズムの影響が強いフロイト理論　62

社会的な影響を重視したアドラー　64
フロイト理論と一線を画す「個人心理学」の確立　66
「意識」レベルの世界を扱う対人関係論　68
アドラーも「原因論」から出発した　70
子どもの問題行動は何が「目的」なのか　72
行動が変われば、心のあり方も変わる　74
「性欲論」に批判的だったユングの個人的事情？　76
フロイトに反旗を翻した「恐るべき子どもたち」　79

3章　否定されるフロイト、忘れ去られたアドラー　85

対立したフロイト学派、いったん途絶えたアドラー学派　86
児童分析の先駆者が唱えた「良いオッパイ」と「悪いオッパイ」　88

「その境」にいる人の病理を見事に説明　90
神経症からボーダーラインへ「お客」を変えた理由　92
コフートの「自己愛」理論とパーソナリティ障害　95
人間の「攻撃性」をどう考えるか　97
アメリカでコフート理論が主流となった事情　99
精神分析のニューウェーブ・ストロロウの新理論　103
アドラーの「ライフスタイル」の現代性　106

4章　そして再評価されるアドラーとフロイト　109

理解されにくかったアドラーの「目的論」　110
同時代を生きたアドラーと森田正馬の共通点　112
森田療法の「症状不問」とは　115

「部分」より「全体」を見ることに着目した先見性 117
赤面を治すことが本当の「目的」か 120
ＰＴＳＤでいったん息を吹き返した精神分析 123
「トラウマ」の自覚が症状をかえって悪化させる？ 125
今の主流は「変えられるものを変える」療法 129
生まれつきのパーソナリティを活かすために 132
時代がアドラーや森田に追いついた？ 135

5章 心理学は今、どこまで人の心を癒やせるようになったか 139

「思い込み」から自分をラクにする 140
アドラーの「共同体感覚」に見る、対人関係のヒント 142

「うつ病」「パニック障害」…感情コントロールのための〝近道〟 145
依存症は「意志」が壊れる病気 147
謝罪会見でさえ快感を得る「演技性パーソナリティ障害」 151
治療不可能な「反社会性パーソナリティ障害」への対処法 154
「法律」はどこまで歯止めになるか 156
「ストーカー」にも2タイプがある 158
「拒食症」より「過食症」のほうが治療が難しいのはなぜ 161
「非行」や「いじめ」に今、有効な対処法 164

終章 フロイト・アドラーから100年、より良く生きるための心理学 169

脳科学だけでは心の仕組みは解明できない 170

抗うつ剤の危ない側面　172
うつ病の原因はセロトニンの不足ではない？　174
実証的な「科学」としての心理学　176
「ハードの故障」が治っても問題は解決しない　177
人が最終的に求める「幸福」とは　179
心理療法の「裏トレンド」　180
自分にとって「役に立つ心理学」とは　183

おわりに　186

本文DTP／エヌ・ケイ・クルー
編集協力／岡田仁志
本文写真提供／アフロ

序章

〝役に立つ〟心理学へ

——なぜ今、アドラー心理学なのか

▼心理学の二つの大きな目的

本書の主役であるフロイトとアドラーは、さまざまな形で現在まで発展してきた臨床心理学の源流に位置する人物です。彼らの理論やアイデアは、多くの研究者や治療家に多大な影響を与えてきました。その影響とまったく無縁な心理療法は一つもないといっても過言ではありません。

しかし、それについて語る前に、まず、「心理学」という広範なフィールドの中で、彼らの学問がどのように位置づけられるのかを見ておきましょう。

ひとくちに「心理学」といっても、認知心理学、発達心理学、言語心理学、社会心理学、犯罪心理学……などなど、その中身は多岐にわたっています。しかし大きく分けると、実のところその目的は二つしかありません。

一つは、誰にでも当てはまる一般的な心の働きを研究するもの。いわば「正常な心」のあり方を探る心理学だと思えばいいでしょう。

たとえば、そのジャンルの一つである認知心理学という学問では、「A」という文字を見た人間が、それをどのように「A」という記号として認識するのか――といったことを研究します。

「AがAと認識されるのは当たり前じゃないか」

そう思う人も多いでしょうが、たとえば手書きの「H」の上のほうが接近している場合、「A」に見えなくもありません。それがどれぐらい離れていれば「A」ではなく「H」と認識されるのか？　そんなことを考えてみると、認知心理学という分野もなかなか興味深く感じられるのではないでしょうか。

多くの場合、さまざまな実験を通じて心の働きを明らかにしようとするので、この分野は「実験心理学」と呼ばれます。「AとHの識別」も、多くの被験者を使って実験を行い、そこで集積したデータを分析すれば、認知の仕組みがわかるでしょう。

ちなみに「パブロフの犬」で有名な条件反射も、「正常な心の働き」を探究する中で発見されました。餌を与える前の犬にブザーの音を繰り返し聞かせる実験によって、条件付けによって反射が起きることが明らかになったのです。

▼その違いは「どんな心」を扱うか

しかし、心理学の目的は「正常な心」の働きを解明することだけではありません。人間の心は、時として「正常さ」を失います。

神経症、うつ病、統合失調症、不安障害やパニック障害、引きこもり、ストーカー、子どもの非行、親による虐待、無差別殺人など、その例は枚挙にいとまがありません。心の健康が損なわれると、本人が苦痛を感じたり、社会的に不適応な行動を起こしたりするのです。体の病気や怪我と同様、「病んだ心」や「傷ついた心」も、治せるならば治したほうがいいでしょう。

それが、心理学のもう一つの目的にほかなりません。これを目的とした心理学のことを「臨床心理学」といいます。この中には、そもそも病んでいるかの診断や検査、テストなども含みます（この個人単位のテストは、知能テストも含めて臨床心理学で扱います。結果的に正常な人も、臨床心理学で扱うことになるのです）。

つまり心理学は、「健康な心」を扱う実験心理学と、原則的に「病んだ心」を扱う臨床心理学の二つに大別されるのです。

もちろん、同じ「人間の心」を扱うのですから、両者はまったく関係がないわけではありません。健康な心の働きがわからなければ何が病んだ状態かもわかりませんし、異常な心理状態と比較することで正常な心のあり方が理解できることもあります。また、臨床心理学が異常な発達を考えるために、正常な発達も想定します。それが教育に応用されることもあります。

とはいえ研究の目的が異なるので、実験心理学の研究者が「心の病気」を治すことはできません。実験心理学はおもに大学の文学部心理学科で扱う領域ですが、臨床心理学は広い意味の「医療」や「教育」に含まれるジャンルです。ですので、臨床心理の学科は、教育学部や医療系の学部に含まれることが多いのです。

そして、本書で紹介するフロイトとアドラーは、いずれも臨床心理学の分野で活躍した人物です。彼らの心理学は、もともと「病んだ」人々に「心の健康」をもたらすために生み出されたものなのです。

▼「心」を対象にするか、「脳」を対象にするか

ところで、心の病気や傷を治すための学問は、臨床心理学だけではありません。心の健康を扱う医療には、「生物学的精神医学」と呼ばれるものもあります。

ただし、こちらは「心理学」ではありません。生物学的精神医学の対象は「心」ではなく「脳」ですから、むしろ「脳科学」に近い分野だと考えたほうがいいでしょう。

そこでは、うつ病や統合失調症といった精神疾患の原因が、脳機能の変調にあると考えます。神経伝達物質のコントロールなどによって症状の改善を図るため、脳の画像診断や薬物療法が中心です。

これに対して、臨床心理学は薬を使いません。そこで行われるのは、「心理療法」もしくは「精神療法」と呼ばれるもの。精神分析やカウンセリングなど、おもに患者とのコミュニケーションによって症状の改善を図ります。法的に臨床心理士は薬が処方できないので、これを専門にやるわけですが、私のように精神療法を専門にする精神科医は、その両方を使うことがほとんどです。

薬物療法が患者の「脳」に働きかけるのに対して、心理療法は患者の「心」にアプローチするものだといっていいでしょう。同じ病気や症状を診るのに、二つのアプローチ方法があるわけです。

▼「心は脳にある」のカン違い

では、「脳」と「心」にはどのような関係があるのでしょうか。

脳は心臓や肺などと同じ臓器ですから、解剖学的に理解することができます。それに対して、心は目に見えないばかりか、どこに存在するのかも判然としません。もちろん、心の働きは脳でコントロールされており、脳がなければ心もないので、「心は脳にある」といえないこともないでしょう。

だとすれば、「正常な心」であれ「病んだ心」であれ、ひたすら脳科学を突き詰めていけば理解できそうな気がします。あやふやな「心」を相手にする心理学は不要なのではないか、と思う人もいることでしょう。

しかし、たしかに脳と心には密接な関係があるものの、いくら脳を解剖しても、「これが心だ」と目に見える形で示すことはできません。「A」という文字を「HではなくA」と認知するのは間違いなく脳の働きですが、その認知のメカニズムは、臓器としての脳を観察してもわからない。それを理解するには、やはり心理学的なアプローチが必要になるのです。

▼それはコンピュータにたとえるとわかりやすい

こうした脳と心の関係を理解するには、今や誰もが日常的に使っているコンピュータのことを考えてみるといいでしょう。

コンピュータは、「ハードウェア」と「ソフトウェア」の両方がなければ動きません。ソフトをインストールしていないパソコンは、ただの機械の詰まっている箱です。

それと同じように、脳にもハードとソフトがあると考えることができます。臓器としての脳細胞や神経伝達物質が「脳のハードウェア」だとすれば、心は「脳のソフトウェア」ということになるのです。

コンピュータのハードと同様、脳細胞や神経伝達物質は手で触ったり目で見たりできますが、心のほうは、コンピュータのソフトと同じように、それ自体を触ったり見たりはできません。

見ることができるのは、それが働いたことによるアウトプットだけ。コンピュータならディスプレイに表示されるファイル、人間なら、心の働きによる行動などが、「ソフトウェア」のアウトプットとして観察できるわけです。

だとすれば、病んだ心や傷ついた心を治すのに、生物学的精神医学だけでいいとは思えません。コンピュータのハードウェアを修理する技術だけあっても、ソフトウェアのバグ（プログラムに含まれる誤りや不具合）を解決できないのと同じこと。

「脳のソフト」を理解するには心理学が不可欠ですし、臨床心理学の精神療法がなければ、その「バグ」を手当てすることもできないのです。これは、パソコンが不具合を起こした時に、ほとんどのケースで、ドライバーで機械をあけなくても、ソフトの処理で解決ができるのと同じと考えていいでしょう。

▼もともとは宗教の領域だった臨床心理学

では、その臨床心理学は、どのように始まったのでしょうか。

西洋医学の起源は、古代ギリシャのヒポクラテスとされています。しかし、こと「心の病気」に関しては、18世紀の終盤まで医学の出番はありませんでした。

それどころか、それは「病気」とも思われていなかったのでしょう。得体の知れない魔物のようなものが人の心に入り込んで悪さをしていると考えられたため、それを退治するのは科学ではなく宗教――医者ではなく魔術師――の役割だったのです。

しかし18世紀の終わり頃になると、ドイツの医師フランツ・メスメルが「動物磁気」という概念を提唱しました。人体を流れる動物磁気の乱れが心の病気の原因だから、それを指圧などでコントロールすれば治療できるはずだ、というのです。

「魔物原因説」と同じくらい怪しげな話に聞こえるでしょうが、外部から何かが人体に侵入するのではなく、病気の原因がその患者自身の中にあると考えた点で、これは画期的なことでした。このときから、心の病気は「医学」の対象になったといっていいでしょう。医学として研究が進められる中で、何人かの著名な医師たちが「催眠術」を試みるようになり、実際の治療にも使われました。

さらに19世紀の終盤には、「催眠術」が心の治療法として正式に医学の世界に採用されました。神経内科の大家であるフランスのジャン・マルタン・シャルコーが、神経症の一種であるヒステリー患者に催眠術が効くことを発見したのです。

▼フロイトの不器用さが幸いして生まれた「精神分析」

誤解されやすいのですが、神経症は神経や脳の組織など「ハードウェア」の異常によって起きる病気ではありません。ハードの部分には何も問題がないのに、あたかも神経に問題があるかのような症状が出る。それが神経症です。

まさにこれは、目に見えない「脳のソフト」の病気だといえるでしょう。その一種であるヒステリーも、神経には異常がないのに、手足の麻痺や痙攣《けいれん》、声が出ないなどの症状が出ます。

その原因が「心の傷」にあると考えたシャルコーは、催眠術をかけた患者に暗示を与えたり、心の底に隠れている葛藤などを吐き出させたりしました。それによって、ヒステリーの治療に成功したのです。

そして、シャルコーのヒステリー治療に深い関心を寄せたのが、若き日のジグムント・フロイトでした。

神経内科の医師だったフロイトは、パリ留学中にシャルコーから催眠術を教わり、ヒステリー治療に専念するため、ウィーンに戻って自分の医院を開業します。

ジグムント・フロイト
（1856～1939）

ところがフロイトには不器用なところがあったらしく、催眠術があまりうまくいきません。そのため、ヒステリー治療もあまり良い結果が出ませんでした。

そこでフロイトは、催眠術を使わずにヒステリーを治す方法を考えます。心の奥に隠れている葛藤を吐き出させれば治るなら、その手段は催眠術でなくてもかまわないでしょう。

そのために考え出されたのが、「夢判断」や

「自由連想法」などの手法でした。詳しくはのちの章で述べますが、それ以降、フロイトは「精神分析」と呼ばれる自らの臨床心理学を築いていったのです。

▼心理学、精神医学を超えた影響

いわゆる「無意識」の発見をはじめとして、フロイトの理論は20世紀の心理学や精神医学にきわめて大きな影響を与えました。いや、哲学や文学などを含めた幅広い世界に影響を及ぼす存在だったといったほうがいいでしょう。その理論の中身はよく知らなくても、フロイトの名前だけは誰でも知っています。

しかし、意外に思われるかもしれませんが、現在、少なくとも臨床心理学の現場では、フロイト式の手法は主流ではありません。理由を簡単にひとことでいってしまえば、「あまり役に立たなくなったから」です。

もちろん、かつてフロイトの精神分析は神経症の治療に大いに役立ちました。だからこそ彼の理論は大きな影響を与えたわけで、今でも精神医学の学会では、フロイトの理論を大事にする学者が大勢います。

しかし現代人の心の病に対して、フロイトのやり方はあまり有効ではなくなりました。

臨床心理学は「治療」が最大の目的ですから、理論がどんなに立派でも、患者の役に立たないのでは使えません。

学会では、非フロイト的な手法で有効な治療を行った精神療法家に対して、「フロイトはそんなことをいっていない！」と文句をつける学者もいます。でも、その手法が実際に役に立っている以上、これは本末転倒というものでしょう。

▼現代人にフロイトの精神分析が有効ではなくなった理由

では、今、現場で役に立っている精神療法と、フロイトの精神分析は、何がどう違うのでしょうか。

フロイト以降の精神療法は、今日まで複雑な経緯をたどって発展してきたので、「昔」と「今」の違いをひとことで説明することはできません。詳しくは次章以降にゆずるとして、ここでは一つだけ紹介しておきましょう。

それは、「原因」を見るか「目的」を見るか、という違いです。

かつての精神療法は、心の病気の「原因」を探り、それを取り除くことによって患者を治すのが基本的なモデルでした。フロイトもそうです。神経症の原因となっている心の葛藤を吐き出させることで、患者の症状を改善することができました。

その後も精神療法は病気の原因を突き止めることを主眼にしてきました。でも、それで人間の抱える心の問題がすべて解決するわけではありません。

たとえば、過去に受けた心の傷や劣等感のせいで、日常的な行動に支障が出ている人がいるとします。その人は、「あなたが苦しんでいるのは、過去にこんな酷《ひど》い目に遭ったせいだ」と指摘されて、はたしてラクになるでしょうか。

必ずしも、そうとは限りませんし、仮にラクになったとしても、心の病や精神状態が悪くなることもあります。

それまでは忘れていたにもかかわらず、親から虐待されていた幼少時の体験を思い出したことで、かえって症状が悪化するケースもあります。過去の体験を変えることはできないのですから、それも無理はないでしょう。本人が「あの親のせいで私は心が歪《ゆが》んでしまった」と信じ込んでしまえば、心の状態が良くなるどころか、親への恨みを抱えたまま苦しみ続けることにもなりかねません。

▼「何のため」にその行動を起こしたか

そのため、「原因」よりも「目的」に注目する心理学が考えられるようになりました。

たとえば無差別殺人のような事件が起きたとき、マスコミをはじめとして、多くの人は「何が犯人の心を歪ませたのだろう」と考えがちです。つまり、「原因」を知ろうとする。その結果、新聞やテレビは犯人の過去を徹底的に調べ、虐待やいじめなど本人の心を傷つけた体験を見つけ出してくるわけです。

たしかに、犯人にはつらい過去があり、心が傷ついていたのかもしれません。しかし、過去に似たような体験をしている人は大勢いるにもかかわらず、それがみんな無差別殺人に走るわけではないでしょう。ところが「こういう原因で心が歪んで犯罪に走った」と説明してしまうと、同じような過去を持つ人間が事件を起こすことを正当化することにもなりかねません。

そこで、「彼は何のために、そんな異常な行動を起こしたのか」と犯人の「目的」を考える心理療法が注目されるようになっています。すると、たとえば「悪のヒーローになって世間から注目されたい」という目的が見えてくるかもしれません。

だとすると、マスコミの大報道は犯人の目的にかなっています。いくら「こんな奴は許せない！」と激しくバッシングしても、犯罪の抑止にはなりません。むしろ、「これだけの事件を起こせばこれだけ注目される」ということを犯罪者予備軍に教えているようなものです。

▼「原因論」から「目的論」へ——現在の心理療法の主流

子どもの問題行動にも、これと似たような面があります。教師のいうことを聞かずに教室で暴れたり、いくら叱っても宿題をやらなかったりする子どもは、往々にして「親の育て方が悪かったのではないか」と思われがちでしょう。ここでもやはり、子どもがそんな行動をしてしまう「原因」を考えるわけです。

すると、「自分に問題があったのかもしれない」と思い込んだ親は、わが子が問題行動を起こすたびに、叱ったり、なだめたり、話し合いを持とうとしたりなど、さまざまな形で干渉します。

でも、それによって問題行動がおさまることはあまり期待できません。親に注目されるために問題行動を起こしているのなら、干渉されればされるほど、それは子どもの「目的」

にかなっているからです。

ならば、むしろ子どもの問題行動を放っておいたほうがいいでしょう。注目されなくなれば、子どもはそれをやめるかもしれません。実際、そうすることで不適応な行動をしなくなり、その結果、心も安定するケースはたくさんあります。

たとえば私自身、娘の不純異性交遊に悩む親御さんから相談を受けたときに、「関わりすぎると逆効果になりますよ」とアドバイスしたことがありました。親が干渉するほど、子どもは「親をもっと苦しめてやろう」「親の気を引こう」と考えて余計に悪くなるので、あまり関わらないほうがいいケースもあるのです。

そこで私は、お父さんもお母さんも今まで子どもに振り回されてきたのだから、そろそろ自分のことに目を向けて、定年後の暮らし方でも考えてみたらどうですか――そんな話をしました。それから1年ほど経つと、あれほど関係が悪化していた家族の雰囲気が良くなり、子どもの問題行動も徐々におさまっていったのです。

このように、心のトラブルの「原因」よりも「目的」を考えると、対応はかなり違ったものになります。フロイト以降、臨床心理学は長く「原因論」を中心に発展してきましたが、現在は「目的論」の考え方も広まってきました。

物事の因果は科学の基本なので、原因論のほうが学問としてまっとうなイメージがありますが、結果的に「心の健康」に役立たないのでは意味がありません。それに対して「目的論」は、どちらかというと実学的なイメージですが、それが役に立つならどんどん使うべきでしょう。

アルフレッド・アドラー
(1870～1937)

では、この「役に立つ心理学」はどのように生まれたのか。

実は、その始祖とも呼べる心理学者が、アルフレッド・アドラーでした。もともとはフロイトの共同研究者だったアドラーですが、のちに彼が築いた心理学は、いろいろな意味でフロイトとは対照的なものとなっています。

そして、それが現代的な心理学の源流の一つとなっています。フロイトほど有名ではありませんが、アドラーの心理学は、現在の臨床心理学に深いところで大きな影響を与えているのです。

1章　二つの心理学の出会い

――共同研究者としてのフロイトとアドラー

▼「コンプレックス＝劣等感」を定着させたアドラーだったが

ジグムント・フロイトとアルフレッド・アドラーは、それぞれ臨床心理学の「原因論」と「目的論」の創始者と呼んでよい存在です。

しかし、フロイトがその後の精神医学や思想、文学、芸術などに与えた影響に比べると、アドラーの存在感はあまり目立ちません。現在、「原因論」よりも「目的論」を重視した心理学を第一線で実践している研究者の中には、その理論の源流がアドラーにあることを知らない人もいるぐらいです。

でも、多くの人が気づいていないだけで、アドラーの考え方は心理学の底流にずっと流れていました。

たとえば、しばしば「劣等感」の意味で使われる「コンプレックス」という言葉があります。しかし本来、心理学用語としての「コンプレックス」は、「感情複合」や「心的複合体」といった意味。ひとことで説明できる単純な概念ではありません。フロイトの理論にも「エディプス・コンプレックス」という概念（後述）がありますが、そこに「劣等感」という意味合いはないのです。

それなのに、一般的には、これが「劣等感」と同じ意味で広く誤用されています。いや、その誤用が定着した結果、すでに国語辞典にもその意味が採用されていますから、日本語では「コンプレックス＝劣等感」だといっていいでしょう。

実は、この誤用のきっかけをつくったのが、アドラーでした。

彼が提唱した「劣等コンプレックス」という心理学的な概念がひじょうに説得力のあるものだったため、いつの間にか「コンプレックス」だけで「劣等感」を意味するようになってしまったのです。

「あの人は背が低いことがコンプレックスになっている」――そんな言葉遣いは、誰でも日常的にしているでしょう。さまざまな劣等感が人間の心理や行動に影響を与えることも、多くの人が常識のように信じています。

しかし、もしアドラーの心理学がなければ、そうはならなかったかもしれません。もちろん、彼の心理学にはほかにもたくさんの特徴がありますが、この「劣等コンプレックス」の発見だけを考えても、アドラーは世の中に多大な影響を与えたといえるでしょう。

ところが欧米でも、「劣等コンプレックス」がアドラー心理学の重要概念であることはしばしば忘れられました。

たとえば、フロイトと並ぶ「心理学の巨匠」として有名なカール・ユングが死去したとき、その死亡記事には「劣等コンプレックスの発見者」と書かれたそうです。

もちろん、これは間違い。ユングも自身の理論の中でコンプレックスという言葉を多用しましたが、それは劣等感のことではありません。アドラーの名前は忘れられているのに、劣等コンプレックスの概念は広く知られているために、このような勘違いが起きてしまったのだと思われます。

このように、アドラーの心理学は、本人の知名度と影響の度合いが比例していません。その点は、「無意識」「リビドー」「超自我」といった用語とともに記憶されているフロイトと大きく異なるところです。

▼フロイトの『夢判断』を高く評価したことがきっかけ？

しかし、フロイトとアドラーには共通点もたくさんあります。

年齢は、1856年生まれのフロイトのほうが14歳上ですが、どちらもオーストリア出身のユダヤ人。フロイトの父親は毛織物商、アドラーの父親は穀物商と、いずれも商売人でした。二人とも、ウィーン大学の医学部で学んでいます。

最終的には対照的な心理学を打ち立てた二人ですが、当初は「共同研究者」ともいえる間柄でした。精神分析学という革新的な心理学を創始したフロイトの下には多くの研究者が集まっており、アドラーもその中の一人だったのです。

二人がつながるきっかけは、フロイトが書いた『夢判断』という本をアドラーが高く評価したことだったといわれています。この著作は、当初、医師たちのあいだで激しく批判されました。それを擁護したのが、アドラーだったというのです。

もっとも、このあたりの事情は、何が本当なのかよくわかっていません。その擁護論が文書として残っていないからです。

しかし、フロイトの『夢判断』は画期的なものでしたから、アドラーがそれに高い価値を認めた可能性は大いにあるでしょう。

夢占いや夢解釈など、人が見た夢の内容から何かを読み取ろうとするものは大昔からありますが、フロイトの夢判断はそういうものと根本的に違います。

それまでの夢占いや夢解釈は、たとえば「蛇の夢はセックスの象徴」といった具合に、夢の持つ意味が誰にとっても同じだと考えていました。しかしフロイトは、そうは考えません。夢の意味は人によって違うと考えます。

だから、相手が「夢に蛇が出てきた」といっても、すぐに「それはこういう意味だ」とはいいません。その夢の話をきっかけにして、「最近、実際に蛇を見たことはありますか?」「蛇のほかに何か嫌いなものは?」「蛇にまつわる思い出はありますか?」などと質問を投げかけ、相手からいろいろな言葉を引き出そうとします。

その話の中から、何が相手の心を苦しめているのかを見極め、心の奥底に隠れているものを探り出す。これが、フロイトの精神分析の基本となった「自由連想法」と呼ばれる手法です。

つまり、『夢判断』における夢は、それ自体が判断材料なのではなく、自由連想法を始めるための一つの手がかりにすぎません。

これが画期的だったのは、「人間の心理は人それぞれ違う」という前提で、それを理解しようとしたことです。「蛇の夢=セックスの象徴」という画一的な判断をするのは、人間は誰でも必ず「性的に抑圧されていると蛇の夢を見る」と考えているからでしょう。

しかしフロイトは、人間の心は千差万別だから、同じ蛇の夢でもその意味は人によって違うと考えました。その「人それぞれの心のあり方」を探るのが、フロイトの生み出した精神分析だったのです。

のちにアドラーが築いた心理学のことを考えれば、彼がフロイトの『夢判断』を擁護したとしても不思議はありません。アドラーは後年、自分の流派を「個人心理学」と名づけています。

この名称には、「一人ひとりの個人を全体として見る」という意味も含まれていますが、当然その前提には「個人の心はそれぞれ違う」という発想がなければいけません。当初は考え方にも共通点があったからこそ、フロイトとアドラーは同じ研究者コミュニティに属することができたのだと思います。

▼アドラーとユングを重用したフロイト

そのコミュニティは「心理学水曜会」と呼ばれるもので、1902年に設立されました。1908年には、この会を母体として「ウィーン精神分析協会」が誕生します。

当時のフロイトは、学界から激しい批判を浴びていました。『夢判断』以外の著書にも盛んに悪評が浴びせられていましたから、水曜会に集まった研究者たちは、フロイトにとって精神的な支えのようなものだったのでしょう。

そのメンバーの中でも、とくにフロイトが重用したのが、アドラーとユングです。

1910年、アドラーはフロイトの後押しによってウィーン精神分析協会の議長になり、『精神分析中央雑誌』の編集長にも就任しました。一方のユングは、1910年に国際精神分析協会が設立された際、その初代会長に就任しています。

この二人は、フロイトの直弟子ではありません。それぞれすでに一定の業績を上げていた研究者です。

そういう人物が自分の周囲にいるのは、学界で孤立しがちなフロイトにとってありがたいことだったでしょう。やや意地悪ないい方をすれば、アドラーやユングがいることで、自分の学説の権威づけができると考えたのかもしれません。

逆にいえば、世間からの批判に立ち向かうためにそんな権威づけが必要になるぐらい、フロイトの理論が従来の常識から離れた革新的なものだったということです。

では、フロイトの精神分析はどのような理論に基づいていたのか。

その内容は多岐にわたっており、途中でモデルチェンジも行われたのですが、とりわけ重要なのは「無意識の発見」でした。

もちろん、「意識」があるのなら、それがない状態が存在するのは当たり前です。睡眠中は誰でもそうですし、事故や病気などで「意識不明の重体」になることもあるでしょう。

ですから、フロイトが無意識を発見する以前にも、「意識のある状態」に対して「意識のない状態」があることは、誰にでもわかっていました。

しかし、それまでの心理学で無意識を研究対象にしたものはありません。

当時の心理学は、どれも基本的に「実験心理学」ですから、意識のない状態の人間を被験者にして、心の様子を調べるのはきわめて困難です。そのため、心理学ではもっぱら人間の「意識」を実験によって研究していました。意識こそが、心理学の「主役」だったのです。

ところがフロイトは、心のメカニズムを理解するには「無意識」を知ることが不可欠だと考えました。

それまで研究の対象でさえなかった無意識を、心理学という学問の主役に引き上げたのは、実に大胆です。一つの学問の枠組みを大きく変えようとしたのですから、学界とのあいだで激しい軋轢《あつれき》が生じたのも当然でしょう。

▼心は「意識・前意識・無意識」の三層構造——局所論モデル

また、フロイトのいう「無意識」は、たとえば「無意識に手を動かす」とか「無意識のうちに他人を傷つけていた」といった日常用語での意味と同じではありません。もっと心の深いところに隠れているものです。

フロイトは、人間の心を「意識・前意識・無意識」の三つの層に分けて理解するモデルを考えました。心をひとまとめにせず、三つの局所に分けたので、これを「局所論モデル」といいます。

たとえば人の名前を呼び間違えたとき、「自分は無意識のうちにあの人のことを考えていたのかもしれない」などと思うことがあるでしょう。これはフロイトの考えによれば、無意識ではなく「前意識」です。

心が深い沼のようなものだとすれば、意識は水面、無意識は沼の底。その中間になるのが前意識だと思えばいいでしょう。心の表面にはない（つまり意識していない）事柄でも、前意識は手を伸ばせば届きますし、ふとした拍子に表面まで浮かび上がることもある。意識していないつもりでも、同じ年頃の若い女性に呼びかけるときに、自分の娘の名前を口にしてしまったりするわけです。

それに対して、心の底に沈んでいる無意識の世界は、本人には手が届きません。自然に意識レベルまで浮上することもない。そしてフロイトは、その無意識に隠れている「心の傷」

(図1) フロイトの局所論モデル

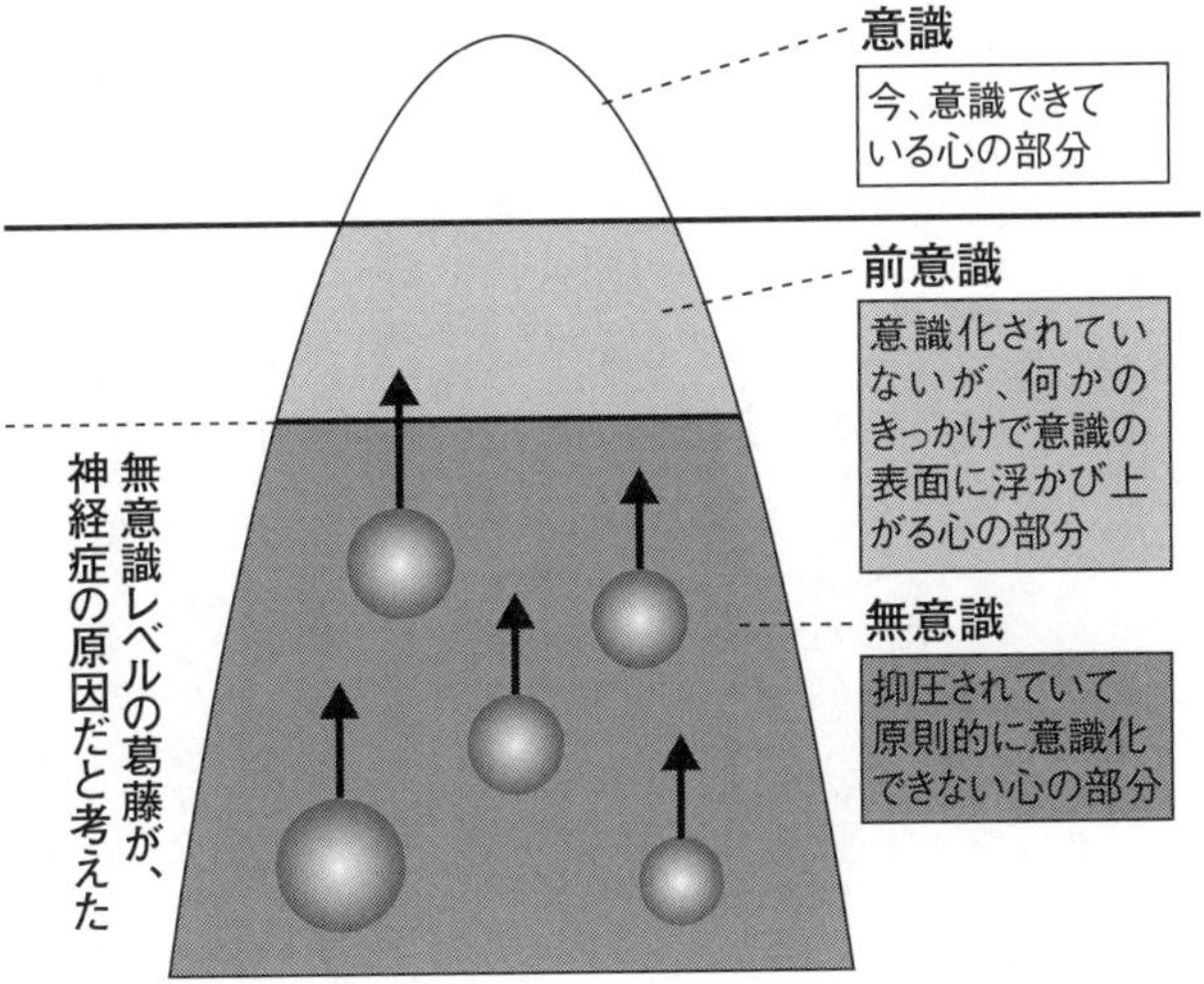

意識
今、意識できている心の部分
前意識
意識化されていないが、何かのきっかけで意識の表面に浮かび上がる心の部分
無意識
抑圧されていて原則的に意識化できない心の部分
無意識レベルの葛藤が、神経症の原因だと考えた

のようなものが、ヒステリーをはじめとする神経症の原因だと考えました。無意識レベルの葛藤が、身体症状となって顕在化するのです。

だとすれば、その原因を無意識の領域から取り出すことで、症状は改善するでしょう。したがって、心の傷や葛藤を無意識レベルから意識レベルに引き上げることが、ヒステリーの治療方針となります。

しかし、それは無意識に沈んでいますから、患者本人はそこにどんな傷や葛藤があるのかをまったくわかっていません。医師が「あなたには何か心の葛藤があるはずですが、心当たりはありませんか？」などと質問しても、患者は答えることができないのです。

では、どうすれば無意識に潜むものを意識レベルまで引き上げられるのか。

そこで重要な役割を果たすのが、前意識です。前意識には、無意識の状態を知るための手がかりのようなものがあるだろう、とフロイトは考えました。沼の表面から見ても底に何があるかはわかりませんが、少しもぐれば様子がわかるでしょう。

そのためにフロイトが始めたのが、「夢判断」にほかなりません。

意識のない睡眠中に見るので、夢は無意識の表れだと思われがちですが、フロイトはそうは考えませんでした。自分の見た夢を覚えているということは、意識という「水面」に浮上しているわけですから、局所論モデルでいえば前意識の産物です。

ただし、それは無意識と切り離されたものではありません。無意識にあるものが形を変えて前意識まで浮上したのが夢だとフロイトは考えました。だから、患者が見た夢の内容を聞くことで、無意識にある病気の原因に関するヒントが得られるのです。

とはいえ、無意識にある傷や葛藤がそのまま夢に出てくるわけではありません。たとえば幼少時に親から虐待を受けたことを忘れている人が、親に暴力をふるわれる夢を見るわけではない。それによって受けた心の傷が、前意識では火事の夢になったり崖から転落する夢になったりします。

ですから、前述したとおり、夢の話は患者の心を理解するための「手がかり」にすぎません。そこから自由連想法によって話を聞き出し、無意識を知るために多くの材料を集めるのがフロイトのやり方です。

ちなみに、手がかりとなるのは夢だけではありません。リラックスした状態の患者が心に思い浮かべたものは、どれもヒントになる可能性を持っています。

また、とっさに出てくる駄洒落や言い間違いなども、前意識から浮上してきたと見ることができるでしょう。そういった材料を総合的に判断して、無意識の正体を探るのがフロイトの手法なのです。

▼無意識に押し込めたのは「事実」とは限らない？

ただし、無意識に押し込められた病気の原因が何なのかについては、研究を重ねるにつれて考え方が変わっていきました。

最初に考えられたのは、「忘れてしまいたい過去の記憶」です。つらい体験を忘れてしまいたいので、その記憶を無意識に押し込めるのですが、記憶が完全に消えることはありません。押し込められた「心のエネルギー」は、いつか形を変えて外に出てきます。それが身体症状となって出てくるのがヒステリーだとフロイトは考えました。

しかし、その理論に基づいて多くの患者を治療しているうちに、ある疑問が生じます。治療の効果が得られなかったわけではありません。自由連想によって過去のつらい体験を思い出したヒステリー患者の多くに、症状の改善が見られました。

不思議なのは、フロイトの精神分析を受けた患者の多くが、親や身内から性的虐待を受けた過去を思い出したことです。そんなに多くの親がわが子に性的虐待をするものだろうか……と首をひねりたくなるほど、似たような事例がたくさんありました。

そこでフロイトは、患者が思い出すのは過去の事実ばかりではなく、患者自身がつくり上げた「偽りの記憶」も含まれているのではないかと考えます。

たしかに、たとえ偽りの記憶であっても、本人が事実だと信じていれば心には傷がつき、病気の原因にはなり得るでしょう。つまり、事実でない過去を患者が歪曲することで、患者にとっては事実のような記憶になり、それが無意識にもぐって患者を苦しめるというわけです。

これを、「心的現実論」といいます。

この学説は、のちに批判を浴びることになりました。アメリカを中心に親子間の性的虐

待が社会問題化した際、「フロイトの心的現実論のせいで、精神科医が長く性的虐待を事実として扱わず、結果的に対策が遅れたし、患者を余計に傷つけることになった」と、ものです。

それに加えて、患者の親から反発を受けることを恐れたフロイトが、妥協の産物として「心的現実論」を唱えたという見方もあります。

たしかに、フロイトの精神分析によって次々と性的虐待の事実が暴かれたのでは、「犯人」として名指しされたも同然の親はたまりません。実際、「フロイトのやっていることはインチキだ」と非難する人々もいました。虐待が「心的現実」にすぎないということにすれば、それもおさまります。

常識的には、そんなに多くの性的虐待が事実だったとは考えにくいので、フロイトの心的現実論が完全に妥協の産物だったとは思えません。しかしいずれにしろ、これは現在でも精神療法についてまわる問題だといえるでしょう。

「原因論」で患者の過去を探ろうとすれば、その心を傷つけた関係者が浮かび上がる可能性があります。それをすべて「心的現実」で片づけるわけにはいきません。今では、事実であった可能性のほうが高いと考えるのが趨勢《すうせい》です。

▼当時としては画期的だった「性欲」の発見

しかしフロイトの局所論モデルは、それを超える方向へ進んでいきました。どんなに無意識を探っても、「押し込められた記憶」が見つからない患者もいることがわかってきたからです。

心の傷や葛藤をつくった過去そのものが見当たらないのですから、心的現実かどうかという問題も生じません。

とはいえ、ヒステリーの身体症状が出ている以上、患者の無意識には何らかのエネルギーが押し込められているはずです。それはいったい何なのか。

フロイトは、「患者が意識したくない願望や衝動」＝「欲動」がそこに押し込められているのではないかと考えました。

本当は何かを求めているのに、その欲動を無意識の領域に押し込めているから、心の
ネルギーが病気となって出てくるというわけです。

その欲動の中でも、フロイトがとくに重視したのが「性欲」でした。

100年前のことですから、性欲やセックスへの抑圧は現代よりも強かったでしょう。しかもフロイトが相手にしていた患者の多くは、ウィーンの上流階級に属する人々です（精神分析は費用がかかるのでお金持ちでなければ受けられません）し、ヒステリーは女性に多く見られる病気でした。

「上流階級の女性」となれば、やはり貞淑《ていしゅく》なふるまいが求められます。性欲の抑圧が病気の原因になっても不思議ではありません。

それ以前に、当時は女性に男性と同じ性欲があるとさえ考えられていませんでした。現在の常識では信じられないかもしれませんが、性欲は大人の男性だけにあるものだと思われていたのです。

世間がそんな常識に支配されていれば、女性は性欲を持つことを自ら否定してしまい、なおさら抑圧されるでしょう。

しかしフロイトは、ヒステリー患者の精神分析を通じて、女性にも性欲があることに気づきました。それだけではありません。男女を問わず、幼児にも性欲があることを発見したのは、フロイトの大きな業績です。

性欲をはじめとする欲動が無意識の領域に押し込められ、その葛藤が心の病気となって噴出するのであれば、より多くのヒステリー患者を理解し、治療することができるでしょう。

「無意識」と「幼児性欲」という二つの大きな発見によって、フロイトの精神分析はヒステリー治療の分野で地歩を固めることになりました。

▼「エス・自我・超自我」の構造論へのモデルチェンジ

ただし、フロイトの理論はこの「局所論モデル」で完結したわけではありません。その後、きわめて大胆なモデルチェンジを行っています。それは「構造論モデル」と呼ばれるものでした。

局所論モデルは、人間の心を「意識・前意識・無意識」の三層に分けて考え、無意識レベルに押し込まれた葛藤を意識レベルに引き上げることで、心の病気を治すものです。「患部から悪いものを取り出して治す」わけですから、これは、いわば外科手術のようなものだといえるでしょう。

この治療法は、一定の成果を挙げていました。しかし、いったん症状が改善した患者が、また「悪いもの」を心の奥底に押し込めれば、同じ病気を何度でも繰り返すおそれがあり

(図2) フロイトの構造論モデル

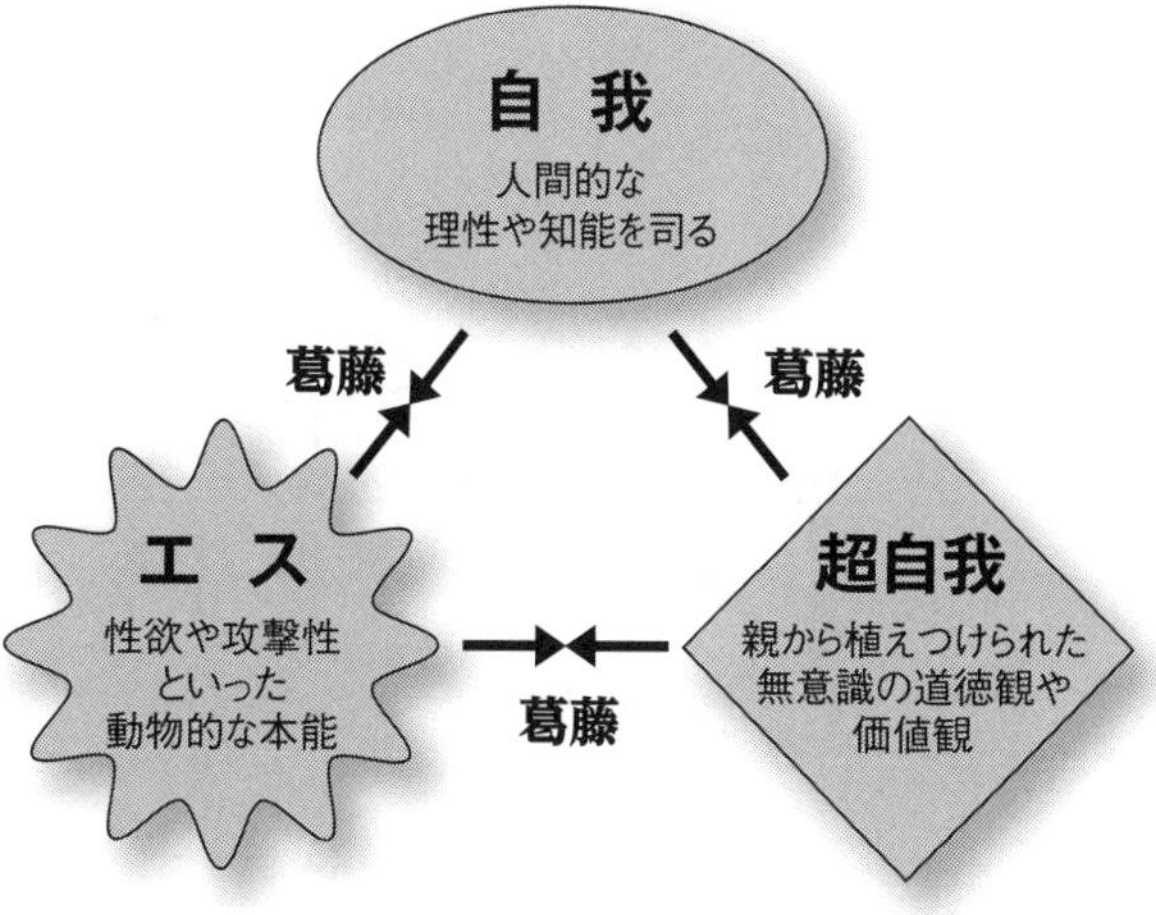

ます。

たとえば性欲を持つことに罪悪感を抱きやすいタイプの人は、よほど社会の価値観や自分の考え方が変わらない限り、またそれを抑圧するでしょう。

ですから、本当の意味で患者を病気から解放するには、治療だけでなく「予防」も考えなければいけません。

無意識レベルに押し込まれた欲動を取り出して治すよりも、最初から欲動が押し込まれないようにするほうが、患者のためにはいいでしょう。「故障」を起こしにくい心をつくれば、いちいち「修理」せずにすみます。

そのためにフロイトが提唱したのが「構造論モデル」でした。心全体を三つの層に分けた局所論モデルに対して、こちらは「エス」「自我」「超自我」の三つで構成されていると考えます。

「エス」とは、性欲や攻撃性といった動物的な本能のこと。局所論モデルにおける「欲動」と同じようなものだと思えばいいでしょう。

この欲望のかたまりが無理に心の中に押し込められると神経症になると考える点も、局所論モデルと同じです。

一方、「自我」は人間的な理性のようなもの。フロイト自身の比喩によると、エスが「馬」だとすれば自我は「騎手」のようなものです。

性欲や攻撃性などの欲動を野放しにしておくと獣のような行動しか取れなくなるので、馬にまたがった騎手のように、自我がそれをコントロールする。エスと自我の力関係は人によって違うので、なかにはバランスの悪い人もいます。エスのほうが強いと、うまく欲動をコントロールできません。ですから、強い自我を持つ必要があるのです。

しかし、自我が戦う相手はエスだけではありません。もう一つの相手が「超自我」です。これは、親から植えつけられた道徳観や価値観のこと。成長の過程で「そんなことをしてはいけない」「おまえはこういう人間になるべきだ」などと叩き込まれたものが、大人になってからも心の中に居座って、エスや自我に「それはダメだ」と禁止命令を出し続けています。

フロイトは父親の影響を重視しましたから、目に見えない「頑固オヤジ」が心の中でお説教をしている様子をイメージすればいいでしょう。

▼自我を鍛えて強い心をつくるには

エス、自我、そして超自我。

この三つが心の中で常に戦っていて、相互のバランスが崩れたときに神経症が起きるというのが、構造論モデルの基本的な考え方です。

そのバランスを取るためには、自我を鍛えなければいけません。暴れ馬のようなエスをコントロールするだけでなく、超自我の過剰な禁止命令に対抗するのも自我の役割です。

というのも、エスはただおとなしくさせればいいというものではありません。時にはのびのびと走らせてやることも必要です。ところが、超自我の禁止命令が厳しすぎると、エスが必要以上に抑圧されてしまう。それを防ぐには、自我によって超自我の禁止命令にストップをかけなければいけないのです。

では、自我を鍛えて病気になりにくい心をつくるには、どうすればいいのでしょう。

フロイトは、自分がどんなエスや超自我を持っているかを知ることが大事だと考えました。コントロールする相手の正体がわかれば、戦い方もわかるからです。

しかし、患者自身がそれを考えるだけでは、エスや超自我の正体はわかりません。それは無意識の領域に存在するので、やはり夢判断や自由連想法によって分析家が暴き出し、患者に説明（解釈）する必要があります。

その解釈を受けた患者が、エスや超自我とのつき合い方を自覚することで、自我が鍛えられる。その結果、神経症になりにくい心のシステムができあがるのです。

▼研究者の体験・主観が理論に影響を与える？

ここまで、局所論モデルから構造論モデルにいたるフロイトの理論を簡単に紹介してきました。もちろん、心がどのような仕組みで成り立っているかを見ることはできないので、どちらも仮説にすぎません。

でも、臨床心理学の目的は「一般的な心の仕組み」を解明することではなく、心の病気を治すことですから、それが役に立つのなら仮説にも十分に意味があるといえるでしょう。

前意識や無意識、エスや超自我などの存在を前提にして治療を行い、それによって神経症の症状が改善すれば、その理論は成功したといってかまわないのです。

とはいえ、「治療が効く」と「理論が正しい」は同じではありません。局所論にしろ構造論にしろ、その理論モデルが正しいことを客観的に証明することはできないので、「納得できない」という批判や反論は当然あります。

そもそも精神療法の理論は、研究者自身の主観が色濃く反映されていることが少なくありません。本人が育ってきた環境や、それによって植えつけられた世界観などによって、多少なりとも理論にバイアスがかかるのは避けられないでしょう。

フロイトの理論にも、そういう面がありました。

たとえば「抑圧された性欲」を神経症の原因として重視したのは、フロイト自身のパーソナリティと深く関係があると思われます。

というのも、フロイトはセックスに対してきわめて禁欲的な人物でした。伝えられる話を読む限り、ふしだらな女性関係とはまったく無縁で、生涯、妻以外の女性を知らなかったようです。

また、実の父親との関係も、フロイトの理論に影響を与えました。

心の中であれこれと禁止命令を出す「超自我」は、小さい頃に父親から叩き込まれた道徳観や価値観によってつくられるというのが、フロイトの見立てです。幼少時の育ち方は人それぞれですから、母親、兄、姉、教師などに強い影響を受けるケースもあるはずですが、フロイトは自分が厳格な父親に育てられたので、「超自我＝頑固オヤジ」と考えたのでしょう。

子どもが発達の過程で経験するとされる「エディプス・コンプレックス」という概念も、自分の父親との関係が下敷きになっていました。

エディプス・コンプレックスとは、母親を手に入れたい子どもが、父親に対して強い対抗心を抱くことによって生じる心の葛藤のことです。

母親を自分のものにしたい男の子にとって、父親は「恋敵」のようなもの。だから排除したいのですが、母親に甘えてばかりいる子どもを「おまえのペニスを切り取るぞ」などといって脅す強い父親にはかないません。実際にそんなことをいわれなくても、男の子の多くは父親との関係の中でそういう「去勢不安」を感じるとフロイトは考えました。

そこで子どもは、父親に勝てる男になるために勉強やスポーツで自分を鍛えるようになります。この時期に心が成長し、超自我が生まれる。そうやって父親というハードルを越えないと、大人になってから心の病気になりやすい――それが、フロイトの唱えたエディプス・コンプレックス論です。

フロイトは、自らの心を分析する「自己分析」によって、この理論に至りました。母親から溺愛されていた幼少期に、「父親を殺したい」という願望を抱いていたことに気づいたのです。厳格な父親から、実際に「去勢の脅し」も受けたのかもしれません。

▼フロイトとアドラー理論の根本的な相違

しかし心理学の研究者がみんなフロイトのような環境で育ったわけではないので、こういう主観に根ざした理論を受け入れがたいと考える人々も出てきます。フロイトの共同研究者たちのあいだにも、性欲論やエディプス・コンプレックス論を疑問視する人はいました。

アドラーもその一人です。

心理学水曜会に参加し、フロイトからさまざまな役職を与えられたアドラーですが、もともとフロイトの「弟子」ではありません。アドラーはアドラーで、自分の理論を考え、著作や論文にもまとめていました。

その中でとくに重要なのは、「器官劣等性」という概念です。

アドラーは、人間はみんな自分が「他人と対等」だと感じたいという欲動を持っていると考えました。幼少期から、背が低い、体が弱い、足が遅い、不器用……など他人より劣っているものがあると、その欲動が満たされません。

それを放っておくと、自分が他人よりも価値のない人間だと感じてしまい、大人になっても自尊心が育たないでしょう。そういう「劣等感」が強いと、神経症になりやすくなるとアドラーは考えました。

もちろん、何らかの劣等性がある人間がみんな低い自尊心に陥るわけではありません。逆に、その劣等感をバネにして努力し、できなかったことができるようになることで自信を持つこともあります。

アドラーがこの「劣等コンプレックス」の考えを持つようになった背景にも、フロイトと同様、個人的な体験がありました。アドラー自身、子どもの頃から体が弱く、くる病で苦しんでいたのです。

脚などの骨が曲がって変形し、進行すると歩行困難になることもある病気ですから、自由に動けません。一方で、アドラーには健康な兄がいて、苦もなく動き回っていました。

自分には難しいことを簡単にこなせる兄に対して、アドラーは強い劣等感を抱いていたようです。

しかし、練習を積んで登山ができるようになるなど、その劣等感を克服する経験もしていました。

この劣等コンプレックスを重視するアドラーの理論は、性欲論を中心とするフロイト理論とはかなり異なります。子どもがエディプス・コンプレックスを経て自分の心を鍛えるとしたフロイトに対して、アドラーは自分の劣等性を克服して、他人と対等以上の人間になるために自分を鍛えることで、健康な心が育つと考えました。

そのため、アドラーはしばしばフロイトの理論に異議を唱えました。性欲論やエディプス・コンプレックス論を完全に否定したわけではないものの、それはいずれも心理の一部にすぎず、フロイトがいうほど大きな問題ではないと主張したのです。

かなり早い段階から、フロイトとアドラーのあいだには考え方の相違があったといえるでしょう。

2章　ぶつかる心理学

——そして、みなフロイトから去っていく？

▼ダーウィニズムの影響が強いフロイト理論

幼児期の身体的なハンディキャップが本人の性格に与える影響について論じたアドラーの『器官劣等性の研究』は、1907年に発表されました。

アドラーがウィーン精神分析協会の議長に就任したのは1910年ですから、その研究自体をフロイトが拒絶していたわけではありません。当初は、むしろ賞賛していたようです。「欲動」を神経症の原因として考える点はフロイトの理論と一致しているので、自分の影響を受けて書かれたものだと思ったのかもしれません。

しかし1911年頃から、両者はあからさまに対立するようになりました。性的な欲動の抑圧を神経症の原因として重視するフロイトは、アドラーがそれをさまざまな原因の一つとしか考えず、劣等感の影響を強調するのを受け入れることができません。

それに加えて、フロイトとアドラーのあいだには、もう一つ大きな違いがありました。それは、人間の心を「社会」との関係性の中で見るかどうかという点です。

別のいい方をすると、これは「人間をほかの動物と同じと考えるか否か」ということになるでしょう。それぞれの個体の性質が、社会的な関係性の中で決まる動物は、基本的に人間だけだからです。

フロイトは、どちらかといえば、人間を特別視しない立場でした。そこには、ダーウィンの進化論の影響（『種の起源』は1859年に出版）があります。

ヒトがサルから進化したと主張するダーウィニズムが、生物の中で人間だけを特別視しないものだったことは、いうまでもありません。進化論の登場によって、人間をほかの動物と違う存在だと考えるのは、科学的な態度ではないと見なされるようになりました。

フロイトが本能的な欲動に注目したのも、その影響が大きかったでしょう。とくに性欲は、「動物としての人間」にとってきわめて根源的な欲求です。

また、心の発達に関するフロイトの理論は、「子ども時代」にすべてが決まると考えるものでした。

これはフロイトだけでなく、多くの精神病理学（心の病のメカニズムを、脳のハードよりソフトの問題と考える学問）に共通する特徴です。物心つくまでの育てられ方や環境で、その人の心のあり方が決まると考える。生まれてから数年のあいだに何か問題があると、大人になってから心の病気になりやすくなるというわけです。

フロイトの場合は、おおむね6歳までに決まると考えました。フロイト以降の理論では、

「生後3ヶ月までに決まる」とする研究者もいます。

人間らしい理性や思考力が身につく前の赤ん坊は、ある意味で動物に近い存在です。したがってこれも、性欲のような本能的な欲動に注目するのと同じような発想だといえるでしょう。いわゆる「人間らしさ」とは関係のないところで、心のあり方が左右されると考えるわけです。

▼社会的な影響を重視したアドラー

それに対して、アドラーが重視した「劣等感」は、生まれたばかりの赤ん坊にはありません。他人と自分を比較することで生じるのが劣等感ですから、それが心のあり方に影響を与えるのは、ある程度の社会性を獲得してからです。

多くの人間が関わり合ってつくる「社会」がなければ、劣等感も生じないでしょう。犬や猫のような動物に、劣等感などありません。動物的な本能とは関係なく、人間ならではの社会的な影響によって生まれるのが劣等感なのです。

この劣等コンプレックスの概念をはじめとして、アドラーの理論は社会が人間の精神に与える影響を重視するものになりました。その点で、人間をあくまでも動物のように考えたフロイトの理論とは根本的に発想が異なります。詳しくは後述しますが、現在の精神療法家の中では、心の病気を「対人関係の病」と考えるのが主流となっていますから、アドラー心理学はその先駆けといっていいでしょう。

もともとアドラーは、社会問題に深い関心を寄せるタイプの人物でした。

ちなみに、1898年に発表した最初の著作は、『仕立て職人のための健康手帳』という公衆衛生に関する小冊子で、心理学とは関係ありません。病気と社会的要因の関係を研究する「社会医学」という分野の仕事です。

アドラーは貧しい人々を相手にする診療所で働いていたことがあり、そこで劣悪な労働環境のせいで結核や胃痛などに苦しむ仕立て職人の姿を見ていました。そんな体験もあったので、心の病気についても、社会との関係を考えるようになったのでしょう。

また、アドラーは社会主義にも関心を持っていました。ロシア出身の妻とも、社会主義の勉強会で知り合ったといいます。

妻のライサは、ボリシェヴィキの革命家として有名なトロツキーとも親交があったほどですから、筋金入りの社会主義者。アドラー自身は社会運動に身を投じるまでにはなりませんでしたが、社会問題に対する関心が高かったことは間違いないでしょう。

いずれにしろ、アドラーの心理学は、基本的に人間を社会的存在として見るものでした。これは、本能的な欲動を病気の原因とするフロイトの考え方とは根本的に相容れません。やがて二人の溝は埋めがたいものになり、１９１１年、アドラーはウィーン精神分析協会を退会しました。

そして同年、自ら「自由精神分析協会」を設立。さらに翌年には「個人心理学会」と改称しました。ここを拠点にして、アドラーは自分自身の心理学を本格的に体系づけていったのです。

▼フロイト理論と一線を画す「個人心理学」の確立

さて、アドラーが築いた「個人心理学」とはどのような心理学なのでしょうか。

前述したとおり、フロイトの精神分析学も「心のあり方は人それぞれ違う」ことを前提にしているので、「個人」を相手にするという点ではアドラーと変わりません。

しかしこの「個人心理学」という名称には、フロイトの理論とは一線を画する意味合いも含まれています。そもそも「個人＝Individual」とは、「分割できない」という意味。国、地域、組織、家族など人間の集まりはそれぞれの個人に分割できますが、個人はそれ以上、分割できません。

しかし、それをさらに分割して部分ごとに見ていく考え方もあります。

たとえば、人間の「精神」と「肉体」を別々に考える人もいるでしょう。その精神を、さらに「理性」や「感情」に分けて考えることもできます。フロイトは、人間の心を三つに分けました。局所論では「意識・前意識・無意識」に分け、構造論では「エス・自我・超自我」に分割して理解しようとしたのです。

アドラーは、こうした見方に与《くみ》しません。「Individual」の原義どおり、個々の人間を「それ以上は分割できない存在」だと考えます。一人ひとりの個人を、統一された全体的な存在として見るのが、アドラーの個人心理学なのです。

だとすれば、個人の心を社会との関係性で理解しようとするのも当然でしょう。それぞれの人間を分割しないのですから、心の内部でエスと自我と超自我がお互いに関わり合っているというフロイトのような考え方はできません。

心のあり方を探るには、「丸ごとの個人」とその外側にある「社会」との関係を見ることになるわけです。

実際、アドラーは「個人はただ社会的な文脈においてだけ個人となる」と述べました。

したがって、苦しい心を抱えている患者だけを観察しても、相手に何が起きているのかを知ることはできません。その人が置かれた社会的な文脈の中で理解する必要があります。これは、実感しにくい無意識の世界を語るフロイトの理論と比べると、誰にでも飲み込みやすい話でしょう。

「人間の悩みはすべて対人関係の悩みである」

アドラーは、そんなこともいっています。日頃のストレスがどこから生じているかを考えて、深く頷《うなず》く人が多いのではないでしょうか。

▼「意識」レベルの世界を扱う対人関係論

対人関係を重視する臨床心理学というと、米国のハリー・スタック・サリヴァンが有名です。アドラーの22歳下のサリヴァンは、フロイトの影響を受けながらもその理論を修正し、「精神医学は対人関係の学問である」としました。本人は精神分析家を名乗っていましたが、実際に行っている治療はアドラー的なものだったともいわれています。

精神分析学は基本的に無意識レベルの交流を重視するので、意識レベルの交流を重視する対人関係論のことを「浅い」と批判しがちです。無意識の世界を扱う精神分析のほうが高尚な学問だという自負心があるのでしょう。

しかし一般の人々にとってわかりやすいのは、やはり意識レベルの世界を扱う対人関係論です。

実際、心理学本のベストセラーもそちらの学派からよく出ます。サリヴァン自身はあまり売れる本を書きませんでしたが、有名な『自由からの逃走』を書いたエーリッヒ・フロムはサリヴァンの弟子でした。

アドラーにも、『人間知の心理学』という大衆向けの著作があります。1927年に出版されるやいなや、この本は10万部のベストセラーになりました。

それに対して、フロイトの著作でもっとも売れた『夢判断』は、出版された1900年から1932年までのあいだに、たった1万7000部。もちろん、本が売れれば心理学として価値があるというわけではありません（インチキな心理学本がベストセラーになることもしばしばあります）が、意識レベルの対人関係を語る心理学が誰にでも納得しやすいものであったことは間違いありません。

アドラー心理学は、のちにカーネギーの『人を動かす』のような自己啓発書にも大きな影響を与えたとされています。そのあたりからも、アドラーの心理学が「誰にでも納得できる実用的な心理学」だということがわかるように思います。

▼アドラーも「原因論」から出発した

すでに紹介した「劣等コンプレックス」というアドラー心理学の概念も、誰でもすぐに納得できるものだからこそ、「コンプレックス」が「劣等感」の意味に転じるほど広く浸透しました。

「あの人は運動が苦手だから猛勉強して東大に合格した」とか「あいつは若い頃にモテなかったから、事業で成功できた」など、私たちはしばしば他人の行動を劣等感で説明します。そう考えると、他人の心の「なぜ」を理解しやすいと感じるのです。

そのため、アドラーの話は一般大衆にも好評でした。たとえばニューヨークを訪れた際にインタビューを受け、独裁者として評判の悪いヒトラーやムッソリーニのことを「子ども時代からの劣等感が彼らの行動の源泉になっている」と説明したときも、多くの人々が納得したといいます。

もちろん、アドラーは劣等感を持ち出すことで相手の悪口をいったわけではありません。劣等コンプレックスはアドラー心理学の基本概念ですし、アドラー自身も子ども時代の劣等感が努力の源泉になりました。ですから、これはヒトラーやムッソリーニのような人物だけに当てはまる話ではありません。

アドラーは、人間は誰でも「無力な状態から脱して優れた存在になりたい」という欲求を持っていると考えました。

そうやって優越性を追い求めるからこそ、劣等感も生じます。したがって、劣等感そのものは病的なものではなく、誰もが抱く正常な心理です。

ここで大事なのは、まず「優越したい」という欲求があって、そのために劣等感が生じるという点でしょう。先に劣等感があって、それを埋めるために優れた人間になろうとするのではありません。

前述したとおり、フロイトとアドラーの大きな違いは「原因論」か「目的論」かというところにあります。もし「人間は劣等感があるから優れようとする」と考えるのであれば、それはフロイトと同じ原因論にほかなりません。

実はアドラーも、当初は「劣等感が人間を動かす」という形の原因論を考えていました。「器官劣等性を持つ人間は、自分の身体的な弱点を努力によって補う」という考え方です。自分自身の幼児期の体験だけではなく、最初に勤務した診療所での経験も、この発想のきっかけになりました。

その診療所は遊園地の近くにあり、そこで働く曲芸師たちがアドラーのおもな患者でした。仕事柄、みんな鍛え上げられた体をしているのですが、話を聞くと、もともと肉体的な問題を抱えていた人が少なくありません。その弱い体を強くするために、彼らは大変な量の練習をこなしていました。

これをアドラーは、「肉体的な劣等感があったから体を鍛え、曲芸師になれるまで強くなった」と考えました。アドラーは、器官劣等性を克服することを「補償」、その劣等性が優越性にまでなることを「過補償」と呼んでいます。

しかしアドラーはのちに、このような原因論の考え方を修正しました。人の行動は「原因」ではなく「目的」で説明したほうがよいことに気づいたのです。実際、肉体的な弱さに劣等感を抱いている人が、みんな体を鍛えるわけではないでしょう。鍛える人には、「肉体的に優れた人間になりたい」という目的があるのです。

▼子どもの問題行動は何が「目的」なのか

行動の原因ではなく目的に注目することの意味は、アドラーがとくに力を注いだ育児や教育について考えると、よくわかるでしょう。

アドラーは、第一次大戦後に育児や教育に強い関心を持つようになりました。戦争によって荒廃したウィーンで青少年問題が深刻化していたことが、大きな要因だったようです。アドラーはウィーン市に働きかけて公立学校に児童相談所を設立し、そこでカウンセリングを行いました。

いじめ、万引き、校内暴力、家庭内暴力……などの問題行動を起こす青少年を矯正しようとするとき、彼らがそんなことをする「目的」を考えようとする人はあまりいないでしょう。ふつうは、「そんなことをするのは心が歪んだり傷ついたりしているせいだ」「まだ心が成熟していないのだろう」などと考え、なぜ心がそうなったのかという「原因」を探ろうとします。

精神療法も例外ではありません。多くの精神療法家が、原因論で対処しようとします。フロイトがそうだったように、人間の心のあり方が幼児期に決まる、という考え方が根強いせいもあるでしょう。おかしな行動をする青少年は、小さい頃の育て方に問題があった――たとえば親の愛情が足りなかった――から心の発達がうまくいかなかったのだろうと考える。それを正常なものにするには、精神療法によって「心の育て直し」あるいは、「心の鍛え直し」をすればいい、というわけです。

　アドラーも、幼児期の環境が心の発達に影響を及ぼすことは否定していません。でも、それは「過去」に起きたことですから、今から変えることはできないでしょう。いくら療法家が「育て直し」を試みても、過去に受けた影響がすっかりなくなることはないのです。それに、先ほども述べたとおり、子ども時代に同じような経験をした人がすべて問題行動を起こすわけでもありません。

　ならば、過去ではなく「現在」や「未来」に目を向けたほうがよい、というのがアドラーの基本的な考え方でした。過去の体験を変えることはできなくても、現在や未来の行動は変えることができるからです。

▼行動が変われば、心のあり方も変わる

　では、問題行動を起こす子どもの目的を考えることで、どのようにそれを変えることができるのでしょうか。

　序章でも述べましたが、不適切な行動を起こす子どもは、いくら親や教師が叱ってもそれをやめようとしないことがあります。

原因論にこだわっていると、「これだけ注意してもやめないのだから、よほど育て方に問題があったのだろう」などと考えてしまうでしょう。「この子の心が歪んだのは愛情が足りなかったからだ」という話になるかもしれません。すると、「愛情をそそいで育て直そう」となります。

しかし目的論で考えると、そうはなりません。いくら叱っても問題行動をやめないのは、そうやって親や教師に注目されること自体が目的だからかもしれません。

だとすれば、叱れば叱るほど同じことを続けるのは当然でしょう。子どもの行動を変えたいなら、愛情をそそぐより、むしろ無視したほうが得策ということになります。

「それでは、たとえ問題行動はおさまっても、子どもの心は歪んだままになってしまうのではないか」

と思う人もいるかもしれません。

でも人間とは不思議なもので、行動が変わることによって心のあり方が変わることもあります。

悪いことをしても注目されなくなった子どもは、目的を達成するために、良いことをして親や教師に褒められようとするかもしれません。そうやって行動が変わったときには、心のあり方も変わっているのです。

ちなみに感情と行動の関係も、目的論で考えると逆転します。たとえば子どもや会社の部下を激しく怒鳴りつけたとき、ふつうは「怒りの感情」が原因で、怒鳴るという行動がその結果だと考えるでしょう。

しかしアドラー心理学の目的論では、まず「相手を威圧する」「相手に自分のいうことを聞かせる」という目的があったと考えます。その目的を果たすために怒りという感情をつくり出して、利用している。感情は行動の「原因」ではなく、目的を果たすための「手段」だといってもいいでしょう。

だとすれば、子どもの心が行動によって変わるのも不思議ではありません。親や教師に褒められる行動を取るためには、それにふさわしい心が手段として必要になるのです。

▼「性欲論」に批判的だったユングの個人的事情？

アドラー心理学にはほかにもいくつかの特徴がありますが、それはまた別の章で触れることにしましょう。ここまでの話で、その考え方がいかにフロイトと異なるかがわかってもらえたと思います。

性欲などの本能的なものより社会との関係を重視すること、「個人」を分割せずに全体として見ること、そして原因論ではなく目的論で考えること。これだけ違えば、袂《たもと》を分かつのは必然だったといわざるを得ません。

ところで、今日にいたるまで精神医学の世界で影響を持ち続けているフロイト学派ですが、そこから途中で離反した研究者はアドラー以外にも何人もいました。アドラーとともにフロイトに重用されたユングもその一人です。

ユングがフロイトから離反したのは、性欲を重視する理論に批判的だったためでした。その点では、アドラーと似ています。でも、ユングの方向性はアドラーと同じではありません。アドラーが性欲よりも劣等コンプレックスを重視したのに対して、ユングが重視したのは「無意識」でした。

もちろん、フロイトは「無意識の発見者」ですから、それを蔑《ないがし》ろにしたわけではありません。

しかし局所論モデルでは主役だった無意識を、構造論モデルでは脇役にしたことからもわかるとおり、フロイト自身にとっては、研究の中心テーマは性欲です。ユングが離反したのはフロイトが構造論へのモデルチェンジをする前でしたが、水曜会に入ったときから無意識の研究を突き詰めるつもりだったユングは、何でも性欲で説明しようとするフロイトの考え方についていけなくなったのでしょう。

また、性欲重視に違和感を抱いた背景には、ユングのパーソナリティもあったと思われます。

フロイトは自分自身がセックスに禁欲的でしたが、ユングは自由奔放な男女関係を楽しむタイプでした。自分の正妻と愛人を同じ家に住まわせたこともあるぐらいですから、フロイトとはきわめて対照的です。セックスに対して開放的だったせいで、性欲の抑圧が心に与える影響がピンと来なかったのかもしれません。

フロイト派から離れて以降、ユングは自らの学説を「分析心理学」と名づけ、無意識と心の中のイメージを中心とした独自の理論を発展させました。

ユングの理論には、フロイトともアドラーとも異なる大きな特徴があります。それは、人間の心に「元型」と呼ばれる人類共通の部分があると考えたこと。ユングの考えによれば、この「元型」はあらゆる人間が先天的に持つ普遍的かつ集合的な無意識であり、西洋でも東洋でもその中身は変わりません。個別性を重視したフロイトや、個人を分割できないトータルな存在と見なしたアドラーにはない発想です。

もちろんユングも、心のすべてが人類共通だと考えたわけではありません。それぞれの個人の心には後天的な無意識の領域があり、ユングはそれを「コンプレックス」と呼びました。本人には意識できないものですから、アドラーの「劣等コンプレックス」とはまったく異なります。

晩年のユングは、コンプレックスの研究よりも、「元型」の正体を突き止めることに熱中しました。その手がかりにしたのは、世界中の神話や古代思想です。そこに共通するイメージや考え方のパターンなどがあれば、人類に共通の普遍的な無意識が投影されていると考えることもできるでしょう。その中でも、ユングはとくに中国の道教や日本の禅などの東洋思想に強い関心を示しました。

▼フロイトに反旗を翻した「恐るべき子どもたち」

フロイトの弟子の中には、ユングとは逆に、性欲論を拡大解釈して独自の方向に進んだ者もいます。ウイルヘルム・ライヒです。

フロイトは性欲の抑圧が神経症の原因だとしましたが、だからといって、「性欲は抑圧すべきではない」といったわけではありません。暴れ馬のようなエスを自我という騎手によってコントロールすることが大事であり、そのために自我を鍛えなければいけないという考え方でした。

しかしライヒは、エスこそが自然本来の姿だと考え、自我の役割を否定するようになっていきます。神経症は性欲エネルギーが抑圧されたときに起こるのだから、単にそれを解放してやれば健康になれる、というのです。

つまるところ、ひたすら性的な快楽を追求すれば神経症にはならないし、それが人間のあるべき姿だというのですから、あまりに極端な主張といわざるを得ません。いくら性欲を重視するフロイトも、ライヒの考え方には批判的でした。

それでも過激な主張を続けたライヒは、最終的に精神分析の世界から追放されてしまいます。その後はアメリカで怪しげな医療機器を販売して投獄され、そのまま獄中で亡くなりました。その十数年後に、「フリーセックス」を掲げるヒッピーたちに注目され、性の解放を説いたライヒの著書が彼らのバイブルのように読まれたこともあります。

そのライヒを含めて、フロイトには「恐るべき子どもたち」と呼ばれる三人の有名な弟子がいました。残りの二人は、オットー・ランクとシャーンドル・フェレンツィです。

ランクは、アドラーが紹介したとされ、20年間にもわたってフロイトを近くで支えた人物ですが、最後はライヒと同じように破門同然の形で決裂しました。子弟を引き裂く要因となったのは、ランクの唱えた「出産外傷説」です。

出産外傷説とは、読んで字のごとく、人間は母親から生まれてくるときに「心の傷」を受けるという考え方のこと。つまりランクは、人間の心の発達を考える上で母子関係を重視したわけです。これは、エディプス・コンプレックスや超自我など父子関係を軸にしたフロイトの理論とは矛盾します。

また、ランクは患者の治療にあたって「共感」が大事だと考えました。人間は最初から心が傷ついた状態で生まれてくるのだから、その傷を分析家が癒やしてやる必要があると考えたのです。

さらに、人間の発達の目標は、この外傷を跳ね返す意志の力を持つことだと考えるわけですが、どちらかというと意識レベルを支えていく話なので、のちにロジャーズなどのカウンセリングに大きな影響を与えたとされます。

これは、のちにアメリカの精神分析界の主流派となったコフート（後述）の理論に似たところがありますが、フロイトの手法とは合致しません。

フロイトは、精神分析家は患者に対して「外科医」のようにふるまうのが適切だと考えていました。ひたすら客観的に患者を観察し、無意識やエスの状態を解釈するのが分析家の役目であって、患者の悩みに共感したりするのはもってのほか。これを、分析家の「中立原則」あるいは「禁欲原則」といいます。

禁欲原則という言葉は誤解されやすく、「精神分析家は患者を恋愛やセックスの対象にしてはいけない」ということだと思っている人もいますが、そういうことではありません。患者の境遇に対して感情を持ってはいけないということです。

また、意識レベルや意志を重視した治療論も、無意識レベルや、自我を重視するフロイトの考えと相容れなかったのかもしれません。

しかし、もう一人の「恐るべき子どもたち」フェレンツィも、ランクと同様、患者を愛情によって治療するという考え方を持っていました。時には患者を抱きしめたり、キスしたりすることもあったようです。

また、フェレンツィはフロイトのエディプス・コンプレックス論も受け入れませんでした。これは、自分自身が実母や乳母に虐待されて育ったという個人的な体験の影響もあったといわれています。ランクと同じく、父子関係を重視するフロイトの考え方に違和感があったのでしょう。

晩年のフェレンツィは、前述のようにフロイトが現実には起こっていないと考えた心的外傷（トラウマ＝後述）の研究も行っていました。それも、幼少期の自分の体験が大きかったのかもしれません。

このように、フロイトが第一線で活躍していた時代から、その理論に疑問を抱き、その門下から出て行く研究者はいました。

現在でもフロイトは臨床心理学に大きな影響を与えてはいますが、決して絶対的な存在ではないということが、ここからもわかるのではないでしょうか。

そしてフロイトの死後、精神療法の理論や手法は大きく変わっていったのです。

3章

否定されるフロイト、忘れ去られたアドラー

▼対立したフロイト学派、いったん途絶えたアドラー学派

フロイトとアドラーは、どちらもユダヤ人です。そのため、第一次大戦後にドイツでナチスが台頭すると、迫害を避けてウィーンを離れざるを得ませんでした。

アドラーは1926年頃から徐々に活動の拠点をアメリカに移すようになり、1935年には一家を連れて移住しています。しかしその2年後、講演で訪れたスコットランドで倒れ、67歳で生涯を終えました。

アメリカでの講演は大成功を収めましたし、著書『人間知の心理学』もベストセラーになりましたから、アドラーが亡くなっても、彼の心理学がアメリカで生き残る可能性は高かったでしょう。しかしこの時点で、アドラーの個人心理学はいったん途絶えてしまいました。アドラーが設立した個人心理学会にも仲間はいましたが、その多くがアウシュビッツの強制収容所に送られてしまったからです。

一方、フロイトは1938年にロンドンへ亡命し、その翌年に死去しました。晩年はがんに侵されましたが、自分に厳しいフロイトは、その痛みを我慢しながら、自分が発明に関わったコカイン麻酔にさえ頼らず、最後まで仕事を続けていたといいます。「自我を鍛

えよ」というフロイトの心理学は、やはり彼自身のパーソナリティがなければ生まれなかったのではないでしょうか。

アドラーの個人心理学と違い、フロイトの精神分析学は、ロンドンやアメリカに逃げのびた弟子たちによってその後も継承されました。

しかし強い指導力を持つリーダーがいなくなれば、内部抗争のようなことが始まるのが世の常です。アメリカではフロイト学派（正確にはアンナ・フロイト学派＝自我心理学）が人気になりましたが、ロンドンでは二つの流派が対立しました。

一方は、フロイトの娘であるアンナ・フロイトが父親の構造論モデルを受け継ぐ形で発展させた「自我心理学」です。アンナ・フロイト自身は、医師でも心理学者でもなく、教師でした。

そのせいもあって、思春期の心の問題に関心が強かったのでしょう。「自我を鍛える」という手法を、非行少年の矯正に応用したりしていました。生前のフロイトも自分の精神分析学を「自我心理学」と呼ぶことがありましたから、これはまさにフロイト直系の学説だったといえます。

しかしアンナには、父親が生きている頃からの論争相手がいました。メラニー・クラインという女性精神分析家です。論争当初はフロイトが娘のアンナを支持していましたが、そのフロイトの死後はクラインが発言力を強めました。

その背景には、フロイトの一番弟子だったアーネスト・ジョーンズの存在もあります。アーネスト・ジョーンズはフロイトの伝記も書いた人物ですが、精神分析学を世襲の学問にしたくないという思いを持っていたようです。それもあって、ジョーンズはアンナよりもクラインに肩入れしたのです。

▼児童分析の先駆者が唱えた「良いオッパイ」と「悪いオッパイ」

クラインは、もともとフロイトの欲動論や無意識論など、構造論モデルや自我心理学以前の理論を重視する研究者でした。当然、構造論モデルを発展させたアンナ・フロイトとは考え方が合いません。

また、クラインは児童に精神分析を応用した先駆者としても知られています。アンナとの論争も、児童の精神分析に両親の参加は必要ない、とクラインが主張したことが発端でした。

そのクラインが赤ん坊の観察から築いた理論は、正統派のクライン学派だけでなく、イギリスの主流派になる「対象関係論」と呼ばれる学説に発展しています。

対象関係論の「対象」とは、基本的に「母親」のこと。その源泉となるクラインは、母親と赤ん坊の関係を研究することによって、心の発達に関するモデルを考えました。

クラインによると、生まれたばかりの赤ん坊には、やさしく微笑みかけてくれる母親とイライラして怒る母親が同一人物であることがわかりません（これは無意識レベルの話なのですが）。それぞれ、別々の存在のように感じられています。

オッパイも、母乳がよく出るときと出ないときとでは、別々の存在。赤ん坊にとっては、「良いオッパイ」と「悪いオッパイ」の二つが存在します。

したがって、「怖いお母さん」を見て大声で泣きじゃくっているとき、赤ん坊はその相手が「やさしいお母さん」と同じ人だとは感じていません。母乳の出ない「悪いオッパイ」に機嫌を損ねて噛みついているときも、それがいつも自分に母乳を与えてくれる「良いオッパイ」と同じオッパイだとは思っていないのです。

それだけではありません。クラインは、対象を「良い」「悪い」に分けて認識しているとき、赤ん坊自身も「グッドセルフ」と「バッドセルフ」の二つに分かれていると考えました。

つまり、対象（母親）が一人の人間だとわかっていないうちは、自分自身も一つのまとまった存在になっていないのです。

これをクラインは「スプリッティング」と呼びました。やがて心が発達して、やさしい母親と怖い母親、良いオッパイと悪いオッパイが同じものだとわかると、自分という存在も一つにまとまるというのです。

しかし幼児期の心の成長がうまくいかないと、そうはなりません。大人になってからも他人に良い面や悪い面があることがわからず、自分も「良い自己」と「悪い自己」に分裂してしまいます。

クラインは、そういう状態のことを、「パラノイド・スキゾイド・ポジション（妄想分裂態勢）」と呼びました。これは、かつて「精神分裂病」と呼ばれていた統合失調症のことではありません。しかし、それに近い性格の偏りのベースになるものです。

この状態の際には、周囲の世界がとても怖いものと感じられるのですが、これを基にした引きこもり的なパーソナリティのことを対象関係論ではシゾイドと呼んでいます。

▼「その境」にいる人の病理を見事に説明

フロイトの精神分析は、もともと神経症の治療を目的としていました。神経症は、心の病の中でもいちばん軽いものです。

一方、もっとも重いのは精神病。これには統合失調症と躁うつ病の二種類がありますが、いずれも精神分析では治療できないとされていました。

そして、神経症レベルと精神病レベルの中間に位置するものを「ボーダーライン」と呼びます。いわゆる「パーソナリティ障害」のことで、対象関係論でいう「シゾイド」がおおむねそれに相当すると考えられています。

これらはともに、クラインの想定する妄想分裂態勢が大きな役割を果たしています。

ボーダーラインには、「急に人格が豹変する」という特徴があります。その典型は、いわゆる「ストーカー」でしょう。芸能人などを追いかけ回すストーカーではなく、別れた恋人につきまとうタイプのストーカーです。

相手が自分にやさしくしているあいだは穏やかな善い人なのに、別れ話を持ち出された途端に憎悪を剥《む》き出しにして、無言電話を1日に何百回もかけたり、部屋の前で待ち伏せしたりする。挙げ句の果てに、相手を殺してしまうケースもあります。

これは、まさに「良いオッパイ」に対しては「良い自己」、「悪いオッパイ」には「悪い自己」になる赤ん坊と同じでしょう。別れ話を持ち出されると、相手が昨日までとは別人のように認識され、自分も別人のようになってしまうのです。

▼神経症からボーダーラインへ「お客」を変えた理由

このようなボーダーラインは、精神病レベルよりは軽いものの、神経症レベルよりも重いので、フロイトの時代は精神分析の対象ではありませんでした。

しかし1960年代に入ると、そのボーラーラインをいかに治療するかが、精神分析の重要なテーマとなります。

とはいえ、それは必ずしも精神分析が進歩したからではありません。治療対象を神経症からボーダーラインに変えざるを得ない事情がありました。

それを促したのは、薬の発達です。神経症の症状をやわらげる薬が登場したために、精神分析は「客」を失うことになりました。

フロイト流の精神分析は、45分~1時間程度の治療を週4回以上受けなければいけません。しかも効果が出るまでに2~3年かかるのがふつうなので、患者には大きな負担です。

安価で即効性のある薬があれば、患者がそちらに流れるのは当然でしょう。

神経症だけではありません。精神分析では治療できないと考えられていた統合失調症や躁うつ病も、薬によって症状を軽減できるようになりました。

神経症レベルも精神病レベルも薬がそれなりに効くとなれば、残るのはボーダーラインということになります。

臨床心理学は、あくまでも心の健康に役立つことが目的。いくら病気のメカニズムや心の発達などを説明する立派な理論があっても、「薬でよくなる」のでは存在意義が薄れてしまいます。ボーダーラインを治療できなければ、「役に立つ心理学」であり続けることができません。

これは、精神分析の歴史の中でも大きな転機となりました。それまでは神経症の治療を目的としていたのですから、ボーダーラインという新たな領域に対応するにはモデルチェンジが必要です。

その方向性は、大まかにいって、二つに分かれました。

一つは、フロイトの理論を修正しつつボーダーライン患者の「自我」を鍛え直すもの。

もう一つは、分析家が患者に愛情を与えて「育て直し」を試みるものです。

前者を代表する理論家は、ウィーン生まれの精神分析家、オットー・カーンバーグでした。

もともとは南米のチリで富裕層を相手に、クライン学派の影響を受けながらフロイト流の精神分析を行っていたカーンバーグは、１９６５年にアメリカに渡り、ボーダーライン研究の分野で頭角を現します。

彼がそこに持ち込んだのは、クライン学派の流れでした。

それまでアメリカではフロイト直系の自我心理学が主流でしたが、治療対象がボーダーラインとなると、やはり「スプリッティング」をはじめとするクラインの理論が必要になります。カーンバーグの理論は、そのクライン学派とフロイトの自我心理学を統合させるようなものでした。

クライン学派では、フロイトの欲動論の中でも、とくに攻撃性（アグレッション）を重視します。フロイトはそれを「死の本能（タナトス）」から生ずるエネルギーと考えました（「生の本能（エロス）」から出るエネルギーはリビドーといいます）。「死にたい」と思うのがなぜ攻撃性なのか不思議に感じるかもしれませんが、自己破壊を含め、すべての破壊性の源泉をタナトスだとフロイトは考えたのです。

だとすれば、ボーダーライン患者はその強い攻撃性が他者に向けられやすいと考えることができるでしょう。カーンバーグは、精神分析を通じて患者に、スプリッティング状態や自分の攻撃性を理解させ、自我を鍛えることで、それをコントロールできるようになると考えました。

▼コフートの「自己愛」理論とパーソナリティ障害

一方、「育て直し」によってボーダーラインを治療しようとしたのは、こちらもウィーン生まれの精神分析家、ハインツ・コフートです。もともとはフロイト学派の人たちの従順な弟子で、自我心理学の優等生ともいえる存在だったコフートですが、50歳を過ぎてからフロイト理論に疑問を抱き、独自の理論を築きました。

コフートが疑問を抱いたのは、フロイトが「自我」の強さを重視した点です。

精神分析を受けて自我を鍛えれば心も健康になるという考え方は、自立した強い「個」の確立を患者に要求するものだといえるでしょう。しかしコフートは、自分自身の心を分析した結果、人間はそれほど強いものではないと気づきました。一人では生きていけないので、他人の心に寄りかかることもあります。

それを否定して「自分をしっかり持ちなさい」というだけでは、かえって心の健康を害するのではないか——そう考えたコフートは、フロイトの理論を大きく修正しました。

とくに重要な修正ポイントは、心の成長に関することです。

フロイトは、自我が成熟するにしたがって、愛情の対象が三段階で変わると考えました。最初の段階は、「自体愛」。未熟な子どもは、性器や口など自分の体の一部を愛します。その次は「自己愛」で、自分自身を愛する段階ですが、これではまだ成熟したとはいえません。他人のことを愛せる「対象愛」の段階に達して、ようやく人間として成熟したことになります。大人になっても自己愛の強い人は、自我を鍛えなければいけません。

しかしコフートは、自己愛を捨てて他人に一方的な愛情をそそぐことなどできないと考えました。

たしかに自己愛が強すぎて他人のことを考えないナルシシストは未熟な心の持ち主だといえますが、他人を愛せる成熟した大人でも、やはり自分のことは可愛いものでしょう。よほど特別な聖人君子でもない限り、まったく見返りを求めずに無私の愛情を他人にそそぐことはできません。

そこでコフートは、自己愛を二つの段階に分けました。フロイトの「自体愛→自己愛→対象愛」を、「自体愛→未熟な自己愛→成熟した自己愛」にモデルチェンジしたのです。

最終段階の「成熟した自己愛」とは、基本的には、他人を愛することを通して自己愛を満たせる状態のこと。誰かに愛されたければ、自分も相手を愛さなければいけません。

ところがボーダーライン患者は自己愛が未熟なので、他人から冷たくされると激しく傷つきます。ふつうなら「自分に何か悪いところがあったのかもしれない」と考えるような場面でも、自分が受けた傷のことしか考えられません。そのため怒りが爆発し、相手に復讐したりするのです。

このような人のことを、コフートは「自己愛性パーソナリティ障害」と呼びました。このタイプの患者は、幼児期に親から褒められたり勇気づけられたりする経験が乏しく、そのために自己愛が満たされていないというのが、コフートの見立てです。

簡単にいえば、自信がないから自己愛が傷つきやすい。そのために怒りやすくなったり、不適応な対人行動をしてしまう。だから「育て直し」が必要だとコフートは考えました。

外科医のように患者の心を「解釈」するフロイト流の精神分析ではなく、患者とのあいだで心を通わせ、「共感」によって自己愛を満たしてやることで、「成熟した自己愛」を持てるようにするのです。

▼人間の「攻撃性」をどう考えるか

カーンバーグとコフートは、ボーダーライン状態の治療によって、アメリカ精神分析学界の二大巨頭と呼ばれるほどの存在になりました。

しかし、今説明したとおり、その考え方は大きく異なります。両者の最大の対立点は、「攻撃性」をどう考えるかということでしょう。

先ほど述べたとおり、カーンバーグは人間の攻撃性を生まれつきの本能だと考えました。この場合、ボーダーラインはその攻撃性が強すぎることになります。対してコフートは、人間が攻撃的になるのは本能によるものではなく、環境への反応にすぎないと考えます。

たとえば自己愛が傷つけられたときに、復讐心のような形で「相手を傷つけたい」という攻撃性が生じるのであって、性欲や食欲のような本能とは違う。この場合、ボーダーライン的な人は、小さい頃から自己愛が満たされず、傷つけられてきたから生じるというわけです。

たしかに、何の理由もなく他人を罵倒したり殴ったりする人はいないでしょうから、常識的にはコフートの見方のほうが納得できます。

ただし、カーンバーグとコフートでは、治療対象が違いました。

ひとくちに「ボーダーライン」といっても、その症状はさまざまです。コフートが主に診ていた自己愛性パーソナリティ障害は、ボーダーラインの中でも比較的軽いほうだといっていいでしょう。

しかしカーンバーグは、もっと重症のボーダーライン患者を相手にしていました。ひどい場合には、とくに理由もなく人を傷つけるケースもありますから、そんな強い攻撃性を持つ患者と接していれば、それを本能だと考えるのも無理はありません。

相手にしている患者の種類が違えば、治療方針が異なるのも当然でしょう。ここで大事なのは、「攻撃性は本能か反応か」を決めることではなく、「どちらだと考えたほうが治しやすいか」です。

臨床心理学の理論は、治療のための手段にすぎません。症状の軽いコフートの患者は、攻撃性を「反応」だと考えて自己愛を満たしたほうが治療しやすく、症状の重いカーンバーグの患者は、「本能」だと考えて自我を鍛えたほうが治療しやすかったのかもしれません。

▼アメリカでコフート理論が主流となった事情

しかしその後、アメリカの精神分析界で主流として生き残ったのは、コフート理論のほうでした。それは、必ずしも理論や治療の優劣の問題だけではありません。その背景には、精神医療をめぐるアメリカの社会的な事情があります。

1960年代まで、アメリカの精神医療は、映画『カッコーの巣の上で』を地で行くような惨状を呈していました。精神病院は治療施設というより、収容所のようなもの。重い心の病にかかった患者たちを、治療というより、社会防衛のために閉じ込めていたのです。ケネディ大統領も、州立病院の状況を「アメリカの恥」と明言したほどでした。

そういう状況では、軽い神経症レベルの人でも、病院の精神科に足を運ぶのに抵抗を感じます。そこに行くだけで、妙なレッテルを貼られかねません。

そこに登場したのが、フロイト流の精神分析でした。従来の精神医療と違って、これはウィーンの上流階級を主な客層にしていたものですから、ある種の高級感があります。カウチで横になって精神分析を受けるというスタイルは、スノビッシュなアメリカの富裕層に歓迎されました。つまりアメリカでは当初から、精神分析がお金持ち相手の医療として受け入れられたわけです。

さらに、ほかに「科学的」な治療法がなかったために、中流以上の人が入るような民間の医療保険に入れば、それが保険適応とされたことも追い風になったのでしょう。しかし、薬物療法が発展してくると、薬で治る病気はどんどん適応から外されていきます。

さらに1970年代には、アメリカ全体の経済状況が悪化しました。すると、保険会社がシビアになります。精神分析は3年間も定期的に通わなければなりませんし、それによって症状が良くなったのかどうか必ずしも明確ではありません。はっきりしたエビデンスのない治療を、保険会社は嫌がります。残念ながら、ボーダーラインや自己愛性状態の治療に対して、精神分析がはっきりしたエビデンスがあるとはいえませんでした。

保険が適用されないとなれば、患者は長期にわたる精神分析の費用を自己負担しなければなりません。

それができるのは、本当にゆとりのある人々だけでしょう。カーンバーグが相手にしていたような重症のボーダーライン患者は社会的に成功しにくいので、自腹を切って高額な治療を受けることが難しくなります。

しかし自己愛性パーソナリティ障害のような軽いボーダーラインは、富裕層の中にも少なくありません。仕事では成功しているけれど、「人間関係がうまくいかない」「心の中が空虚で苦しい」といった悩みを抱えている人はいます。コフートの精神分析がアメリカで生き残ったのは、そういう客層に恵まれた面が少なからずあるのです。

もちろん、治療効果が上がらなければ人気は出ないので、コフートの精神分析が「役に立つ心理学」であることは間違いありません。だからこそ、コフート学派が生き残っただけでなく、その手法は精神分析療法の主流となりました。

フロイト流の精神分析とコフートのやり方を比較した場合、もっとも大きく異なるのは、分析家と患者のあいだで心の交流があることでしょう。

フロイトは、患者が分析家に好き嫌いなどの感情を持つことを「転移」と呼びました。これは、実際の分析家に向けた感情ではなく、患者の心の中にいるお父さんやお母さんが分析家に乗り移って（転移して）、それに対する感情を治療者に向けるという意味です。

この転移は患者の心の中身を解釈するのに役立ちます。しかし、分析家が患者に感情を向ける「逆転移」は、前述した中立原則（禁欲原則）に反するため厳しく禁じました。

その原則から分析家を解放したのが、コフートにほかなりません（実際は、フェレンツィなどもいっていますが、精神分析の世界でオーソライズされなかったのです）。患者への「共感」によって自己愛を満たしてやるコフートの手法は、「逆転移」そのものです。それが成功したことによって道が開き、多くの分析家たちがいわゆる「ツー・パーソン・サイコロジー」を採用するようになりました。

「ワン・パーソン」の患者を外科医のように外から観察するのではなく、自分と相手の心と心を触れ合わせることで患者の精神状態を変えていく（そして相手の心だけを変えるのでなく自分も変わっていく）やり方が、この分野で当たり前のものになっていったのです。

▼精神分析のニューウェーブ・ストロロウの新理論

そのツー・パーソン・サイコロジーを実践する学者の一人として、現在のアメリカを代表する精神分析家であるロバート・ストロロウを紹介しておきましょう。

患者が自覚していない無意識の領域を探るのがフロイト流であるのに対して、ストロロウは患者本人が意識している主観世界を重視します。

もっとも、それ自体は今や珍しい考え方ではありません。ツー・パーソン・サイコロジーは、お互いの心を交流させるのですから、主役は無意識ではなく意識です。

ストロロウの理論で重要なのは、「組織化原則（オーガナイジング・プリンシプル）」という概念。これは、私たちがそれぞれの人生体験の中で身につける「考え方のパターン」のようなものだと思えばいいでしょう。人はそれぞれ、自分の主観世界で体験を組織化する原則を持っているとストロロウは考えます。

たとえば男性から結婚を申し込まれたとき、即座に「この人は財産目当てに違いない」

と考える資産家の令嬢がいるかもしれません。スタイル抜群の美人の中には、必ず「私のカラダだけが目当てなんでしょ」と思い込む人もいるでしょう。

これは、いずれも客観的な事実ではありません。それぞれ、「男はみんな金銭欲の塊だ」「男はいつもセックスのことしか考えない」といった思い込みの多くは、自分の人生体験から導かれた「原則」（これは意識できていないことが多いのですが）によって主観的につくられているのです。

ストロロウは、人間の体験はすべてこのような主観的体験だとします。したがって、それ自体は病的なものではありません。

しかし組織化原則が極端に働くと、日常生活にも支障が生じるでしょう。たとえば「自分に近づく人間はみんな悪意を持っている」という組織化原則に縛られていれば、誰と会っても攻撃的になり、争いごとの絶えない毎日になってしまいますし、そもそも人と仲良くできません。そうやって不適応な状態になっている人は、主観世界をつくっている「原則」を修正しなければなりません。

とはいえ、本人に「あなたの組織化原則は間違っているから考え方を変えなさい」と指導しても、そう簡単に主観的体験は変わらないでしょう。

そこでストロロウは、患者の原則を否定するのではなく、別の原則を加えればよいと考えます。

というのも、誰にでも組織化原則はありますが、それでもふつうは主観的体験が極端なものにならないのは、さまざまな体験を重ねることでいくつもの「原則」を持っているからです。

要するに悪い人と会うこともあれば、いい人と会うこともあるので、「人を見たら泥棒と思え」や「渡る世間に鬼はない」という極端に振れることなく、両方の原則を使い分けられるのです。道具としての「原則」が複数あれば、状況に合わせて適切なものを選んで使うことができるでしょう。

では、どうすれば患者が使う組織化原則を増やせるのか。そのために分析家がやるべきは、患者との交流の中で、さまざまな反応を見せてあげることです。分析家が自分の組織化原則から予想するのとは異なる反応を示せば、患者は「ああ、こういうパターンもあるのか」と気づき、新たな「原則」を手に入れるでしょう。

こうしたストロロウのやり方は、分析家と患者がお互いの主観世界をぶつけ合うという意味で「間主観的（intersubjective——私は相互主観的と訳したいのですが）アプローチ」

と呼ばれています。

コフートの場合、分析家が患者を育て直すので「疑似親子」のような上下関係がありますが、ストロロウは相手と同じレベルで友達のようにつきあうので、より深い心の交流になるでしょう。時には、分析家の側が自分の本音を語ることもあるのです。

1990年代に登場したストロロウの「間主観的アプローチ」は、その新しさから「精神分析のニューウェーブ」ともいわれました。フロイトが無意識を発見してからおよそ100年で、精神分析は大きく変貌を遂げたのです。

▼アドラーの「ライフスタイル」の現代性

しかし実はもっと以前に、ストロロウの組織化原則に似た考え方を提示した心理学者が存在しました。それは、アドラーにほかなりません。

アドラーの個人心理学には、「ライフスタイル」という重要な概念があります。一般的にも使われる言葉ですが、アドラーのいうライフスタイルとは、それぞれの人間が持つ自己認識や世界観の総体のようなもの。ある種の信念体系といってもいいでしょう。ストロロウのいう組織化原則のような、自分の主観的体験を形づくる枠組みとなるものです。

アドラーによれば、ライフスタイルはそれぞれの体験を反映する形で、子どものうちに形成されます。

自分なりに成功や失敗を経験しながら「こういうときは、こうしたほうがいい」というスタイルを身につけるので、これはそう簡単に変わりません。時には多少なりとも不都合を感じることがありますが、自分が長く続けてきたライフスタイルを通すほうが無難なのです。

いわば考え方や行動の「パターン」ですから、このライフスタイルはストロロウの組織化原則によく似ているといえるでしょう。しかもアドラーは、本人の目的や他者の反応によってライフスタイルは変えることができると主張しました。その点も、ストロロウの考え方と近いものがあります。

では、ストロロウはアドラーの心理学に影響を受けたのでしょうか。

私は定期的に渡米してストロロウのスーパービジョン（治療アドバイスのようなもの）を受けているので、あるとき、「アドラーについてどう考えますか？」と質問したことがあります。

「自己愛の傷つきに最初に注目した研究者という点では興味深いね」

ストロロウはそう答えましたが、「ずいぶん前に読んだから、詳しいことはあまりよく覚えていない」とのことでした。

このあたりは、臨床心理学の世界におけるアドラーの存在感をよく物語っているような気がします。多くの心理学者がアドラーの影響を受けているはずなのに、それがほとんど自覚されていないのです。

ストロロウが指摘したとおり、アドラーはコフート以前に自己愛の傷つきの影響力の強さにも言及していますが、コフートはその影響を受けたとは思っていなかったでしょう。ストロロウ自身も、自分では意識しないまま、アドラーと似たような発想をしたのだと思います。

いずれにしろ、アドラーの心理学には相当に先進的な面があったということがいえると思います。

現在のアメリカで主流となっているコフート学派や、最先端のストロロウに近い考え方を戦前から提唱していたのは驚くべきことです。

アドラー学派はいったん途絶えたとはいえ、その考え方は心理学界の底流に脈々と流れ続けていたのかもしれません。

4章　そして再評価されるアドラーとフロイト

▼理解されにくかったアドラーの「目的論」

前章の終わりで指摘したとおり、アドラーの心理学には、現在の精神療法の考え方と重なる要素がたくさん含まれていました。気づかないうちに影響を受けていたと思われる学者も少なくありません。

それが長く忘れられていたのは、アウシュビッツで後継者たちがいなくなってしまったことだけが理由ではないでしょう。その先見性が逆に仇となった面もあるかもしれません。フロイトが創始した精神分析学の考え方とあまりにもかけ離れていたために、どこか胡散《うさん》臭いものだと見られ、理解が得られなかったのではないかと思います。

たとえばコフートの心理学は、フロイトの理論を（修正したとはいえ）批判的に継承したものであり、その意味では従来の「精神分析」の範疇《はんちゅう》におさまるものでした。

もちろん、逆転移を禁じる中立原則を捨て去り、外科医的な役割ではなくなった点は、あまり精神分析らしくありません。もしフロイトがコフートの治療の様子を見たら、「こんなものは精神分析ではない！」と吐き捨てたでしょう（現にアンナ・フロイトは、コフートを精神分析的でなくなったと批判しています）。

しかしコフートの立場は、基本的に「原因論」です。

病気の原因を無意識や自我の弱さに求めたフロイトとは違い、コフートは「未熟な自己愛」によって自己愛性パーソナリティ障害になると考えましたが、「原因を探ってそれに対処する」という基本方針に変わりはありません。その意味で、コフートのやり方には精神分析的な要素があるのです。

間主観的アプローチのストロロウも、患者の「組織化原則」に問題があると考える点で、やはり「原因論」の立場だといえるでしょう。コフートのように直接フロイトの影響を受けているわけではありませんが、ストロロウもまた「精神分析家」です。

しかしアドラーは、精神分析家ではありません。フロイトから離反した直後は自らのグループを「自由精神分析協会」と名づけましたが、すぐにそれを「個人心理学会」と改称しています。

その改称に、アドラー自身がどんなニュアンスを込めていたのかは、わかりません。しかしそれ以降のアドラー心理学を見れば、それが精神分析とは根本的に違うのは明らかでしょう。アドラーは、「原因論」ではなく「目的論」の立場から、人々の心を立て直す方策を探っていったからです。

体の病気になったとき、私たちはまず「何が原因だろう」と考えますし、原因を取り除けば治ると思っていますから、目的論にはあまり馴染《なじ》んでいません。

そもそも、たとえば風邪を引いたときに、「自分が風邪を引いた目的は何だ？」と考えても意味がないでしょう。だからこそ、心の病気を治す精神分析も「原因論」から始まったわけです。

それをひっくり返したのですから、目的論に立脚するアドラーの心理学が理解されにくかったのも無理はありません。「病巣」に向かってダイレクトに切り込んでいく原因論に対して、目的論はいわば「からめ手」のようなもの。原因論に基づく精神分析のほうが受け入れられやすかったのは、やむを得ないでしょう。それぐらい、アドラーの考え方は先へ行っていたのです。

▼同時代を生きたアドラーと森田正馬の共通点

しかし実は、アドラーと同時代を生きた精神療法家の中にも、個人心理学とひじょうによく似た治療法を編み出した人物がいました。

しかも日本人ですから、アドラーもその存在は知らなかったでしょう。何の交流もなかったはずの二人が、遠く離れた土地で、当時の常識とかけ離れた発想を持ち合わせていたことには、驚きを禁じ得ません。

その人物とは、「森田療法」の創始者として知られる森田正馬《まさたけ》です。生年は、アドラーが1870年、森田は1874年。没年はそれぞれ1937年と1938年ですから、二人はまさに同じ時代を生きていました。

森田が独自の神経症治療を確立したのは、ちょうどフロイトが局所論から構造論へのモデルチェンジを行った頃のことです。アドラーはすでにフロイトから離れて自分のグループを率いていた時期。いかに彼らが「同時代人」だったかがよくわかるでしょう。

それ以降、森田は自分の手で2000〜3000人もの神経症患者を治したといわれます。ちなみにフロイトがその生涯で実際に診た患者数は100人程度ではないかという話もあります。森田療法は、その当時から実に「役に立つ心理学」だったわけです。

本書は森田療法の入門書ではないので、ここではアドラーとの共通点に絞って、簡単に紹介することにしましょう。森田療法について詳しく知りたい方は、拙著『日本人に合った「こころの健康法」』（新講社）をご参照ください。

森田療法とアドラーの個人心理学がよく似ているのは、まず、それが「全体論」であることです。

すでに説明したとおり、アドラーは「それ以上は分割できないもの」として「個人」を見ていました。心の中身を腑分《ふわ》けし、解剖するようにして病気の原因を探り出すフロイト流の精神分析とは大きく異なります。

森田も、患者の細かいところに目を向ける姿勢を取らず、全体を見ることが大事だと考えました。

森田療法は、症状への「とらわれ」を脱却しようとするのが一つの特徴です。

不安、恐怖、身体的な苦痛などに注意を向けると、感覚が鋭敏になって余計にその症状が強まり、さらに、それに対する注意の度合いも高まって、より症状が悪化する……という悪循環を起こしてしまいます。この悪循環過程を森田は「精神交互作用」と呼び、それにはまってしまって注意がほかに向かなくなることを「とらわれ」と呼びました。

この悪循環を断つには、ある一点に目を向けることをやめ、全体を視野に入れなければいけません。患者の仕事や生活まで含めて考え、その上で「何が患者のためになるか」と考える。アドラーの考え方とよく似ています。

▼森田療法の「症状不問」とは

たとえば、森田療法では患者の症状を改善しようとはしません。「それでは治療にならないではないか」と思うでしょうが、症状だけを治そうとすれば、それに対する「とらわれ」が生じます。

では、どうするのか。

ここがユニークなところなのですが、「その症状があっても生きていけるようにする」のが森田療法の考え方です。患者の「病気」という一部分ではなく、全体的なＱＯＬ（クオリティ・オブ・ライフ）の向上を考えれば、そういう方向性で問題はありません。

たとえば赤面恐怖症の患者は、人前に出ると顔が赤くなるのを気に病み、「これさえなければ幸福な人生が送れるはずだ」などと思っているでしょう。だから赤面を治したいと思い、それにとらわれるわけです。

しかし、本当に赤面のせいだけで対人関係が悪くなったり、不幸になったりするのでしょうか。

本人は「顔が赤いせいで人に嫌われる」と思い込んでいますが、実は顔が赤くなることに誠実な印象を受けて好感を持つ人もいるかもしれません。あるいは、勝手に「嫌われる」と思い込んで会う約束をキャンセルすることで、かえって嫌われることもあり得るでしょう。

実際、赤面のことを気にせず積極的に外に出て人に会ってみれば、そのままでも嫌われたりしないことがわかります。症状という一部に注目せず、生活全体のことを考えれば、赤面のまま幸福に暮らすことはできるのです。

そのため森田療法には、「症状不問」という基本技法があります。医療であるにもかかわらず、症状を問わないというのですから、ビックリされるかもしれません。

しかしこれは、治療者の側が症状にとらわれることを避ける工夫でもあります。精神科医にかぎらず、医者はどうしても患者の症状に注目するもの。しかし森田療法は、「顔が赤くなる」という症状を治すのではなく、「顔が赤いと嫌われる」「赤面するのは恥ずかしい」などと思ってしまう患者の考え方を修正しようとします。

たとえば私は以前、「生活史健忘」という症状の患者に関わったことがあります。生まれてから現在までの生活史を忘れてしまうため、妻や子の顔もわからなくなる病気です。ただしその人の場合、直近8年間ほどの記憶は戻らないものの、それ以前のことは思い出すことができたので、家族が家族であることは認識できるようになりました。

こういう場合、ふつうの精神科医であれば、症状にとらわれて「どうすれば記憶が戻るか」を考えるでしょう。おそらく精神科医の9割はそうだと思います。

しかし私は、記憶の欠けた状態で患者が現在の生活に適応するにはどうすればいいかを考えるようにアドバイスしました。何か資格を取ってやれる仕事を探すとか、新しい人間関係をつくるとか、今の生活をうまくやるためにできることはいろいろあります。

▼「部分」より「全体」を見ることに着目した先見性

以前なら、私も症状の改善を考えたでしょう。生活史健忘のような症状は、学問的にはひじょうにやり甲斐のあるテーマです。しかし「実用的な医療」を追求するなら、医師にやれることは症状の回復だけではありません。

森田療法を取り入れるようになってから、そのあたりは私も考え方がずいぶん変わりました。症状だけにとらわれず、患者の生活全体を視野に入れれば、医師にできるアドバイスの幅も広がるのです。

ちなみにアドラーも、親や教師に対して「子どもが非行をしても慌ててはいけない」といいました。非行という「症状」に慌てると、そこだけに注目してしまい、結果として子どもの目的が果たされてしまうからです。

子どもという個人の全体を見なければ、有効な対策はわかりません。「原因論」から「目的論」に切り替えるためにも、まずは全体論的なアプローチが求められるのです。

こういう全体論的な考え方は、森田とアドラーが生きた時代の精神医療界ではきわめて珍しいものでした。医療界全体を見渡せば、現在でもあまり見ることができません。むしろ、医学の世界はどんどん専門分野が細分化して、より小さな「部分」ばかり見るようになっています。

たとえば大学病院の内科には循環器内科や消化器内科があり、消化器内科には肝臓外来や胃腸外来があり、肝臓外来には肝臓がんを研究するグループもあれば、ウイルスのことだけを研究するグループもあります。それぞれの医師は自分の専門分野のことしか知らないので、その一点しか見ようとしません。誰も患者の全体を見ていないのです。

そのため、木を見て森を見ないような診療が横行しています。

とくに高齢者の場合、あちこちの臓器に悪いところを抱えて、それぞれの専門医から薬を処方されている人も多いでしょう。パーツごとに見れば、どの投薬も正しいかもしれません。しかし患者の体を全体的に見ると、何種類もの薬を飲むほうが寿命を縮めることになる可能性もあります。これでは本末転倒でしょう。

細分化が進むのは医学の世界だけではありません。経済学であれ物理学であれ、あらゆる学問分野が細分化する傾向にあります。

ところが森田とアドラーは、100年近く前に全体論的な考えに基づいて人間の心を扱っていました。

それだけでも、この二人には先見性があったといえるでしょう。医学はもちろん、ほかの学問分野でも、今は細分化の弊害が目につくようになっています。そのため今後は「個別論から全体論へ」が大きなトレンドになるに違いありません。

事実、すでに医療界では総合診療を重視すべきだという声が高まっていますし、一つひとつの病気を治すのではなく、患者の体質そのものを改善する東洋医学的な考え方も広まってきました。

これからは、企業の経営や日常的な対人関係などにおいても、全体論的な思考が求められる時代になるだろうと私は思います。その意味でも、森田やアドラーの手法は重要な示唆を私たちに与えてくれるのではないでしょうか。

▼赤面を治すことが本当の「目的」か

先ほど、アドラーの全体論は「目的論」につながるという話をしました。非行は子どもの行動の「部分」にすぎず、そこにだけ注目していると「非行に走る目的は何なのか」という発想になりません。全体を見るからこそ、非行の「原因」だけでなく「目的」を考えることができるようになるわけです。

それと同じように、森田療法も全体論であるからこそ、それは目的論的なものになりました。「症状不問」ですから、森田療法では赤面なら赤面そのものを治そうとはしません。治すのは、「顔が赤くなるのは恥ずかしいから治したい」と思う患者の気持ちです。

では、患者はなぜ赤面を治したいと思うのか。

治療者がそれを聞けば、患者は「顔が赤いと人に嫌われるから」「変な人間だと思われてバカにされるから」などと答えるでしょう。そこに、患者の「目的」があります。その患者は赤面を治すこと自体が目的なのではなく、他人に好かれたり、敬意を持たれたりすることが目的なのです。

ならば、必ずしも赤面を治す必要はありません。顔が赤くても、他人に好かれる人間や尊敬される人間になる方法はいくらでもあります。

たとえば対人関係を明るく楽しいものにしたいなら、話術に磨きをかける手もあるでしょう。そもそも、その人は赤面だから対人関係がうまくいかないのではなく、赤面を恥ずかしがるあまり人とまともに話をしようとしないから、敬遠されているのかもしれません。

また、他人にバカにされたくないなら、勉強や仕事で努力することで、誰からも尊敬されるような成績をあげるのも一つの方法です。

そうなれば、本人も自信が持てるようになるでしょう。その結果、赤面そのものがなくなることもあるのです。

原因論の立場で同じ患者を相手にすると、そうはなりません。患者から「顔が赤いと人に嫌われる」と聞いた分析家は、相手に「人に好かれたい」という目的があることは考えず、あくまでも「原因」を探ろうとするでしょう。なぜ、この人は「顔が赤いと嫌われる」と考えるのか――そこを掘り下げた結果、子どもの頃に顔が赤いことでバカにされた記憶が蘇《よみがえ》るかもしれません。

すると分析家は、「その経験があなたのトラウマになっているのですね」などと、患者の無意識に関する解釈を伝えます。

でも、それが症状の改善につながるとは限りません。むしろ、患者は「やはり顔が赤いとバカにされる」ことに根拠があるのだと思い、ますます赤面そのものを恥ずかしいと感じるようになるかもしれません。過去の体験は変えることができないので、それをほじくり返しても患者が苦しみから解放されないのです。

では森田やアドラーが患者の過去をまったく聞かなかったかといえば、そんなことはありません。治療を進める上で、患者の思考パターンを把握する必要がありますから、これまでの体験やそのときの感情などは聞き出します。

アドラーの場合、それを通じて患者の「ライフスタイル」をつかみました。それがわかれば、相手の目的も理解しやすくなります。

森田の場合は、患者の性格や価値観から導き出される患者の真の欲求を「生の欲望」と呼びました。「他人に好かれたい」「尊敬されたい」といった患者の目的が、そこから浮かび上がるのです。

しかし、アドラーや森田にとって、患者の過去を知るのは「ライフスタイル」や「生の欲望」をつかむための手段にすぎません。したがって、そこから症状の原因を見つけ出すというより、患者の目的を判断する材料にするのです。

▼PTSDでいったん息を吹き返した精神分析

原因より目的を重視するアドラーや森田のやり方は、別のいい方をすると、「過去」より「今」を考える治療ということになるでしょう。これも、現在の精神療法のトレンドをかなり早い段階で先取りするものでした。

患者の「過去」に病気の原因を求め、その解釈によって治療を行うフロイト流の精神分析が、神経症の薬が発達した1960年代以降、徐々に影響力を失っていったのは、前章でも述べたとおりです。ボーダーライン治療でも、生き残ったのはコフートに端を発する「ツー・パーソン・サイコロジー」でした。

しかし70年代に入ると、それがいったん息を吹き返します。

当時のアメリカでは、過去に受けた「心の傷」が問題になる症例が相次いで目立つようになりました。

一つは、ベトナム戦争で苛烈な体験をした帰還兵の問題です。彼らの中には、過覚醒や感情鈍麻といった症状に悩まされる人が大勢いました。感情が鈍麻しているので、ふだんは仕事もできず無気力に過ごしているのですが、ちょっとした物音にもビクビクして落ち着きをなくしたりする。「戦争神経症」と呼ばれるものです。

これは、どこから襲いかかってくるかわからないベトナムのゲリラを相手に戦ったことで、トラウマ（心的外傷）を受けたことが原因だと考えられました。

さらに1973年には、「レイプ・トラウマ・シンドローム」という症状に関する研究が発表されます。それによると、レイプの被害を受けた女性にも、ベトナム帰還兵の戦争神経症とまったく同じ症状が出るとのことでした。

当時のアメリカは反戦運動やフェミニズム運動が盛んでしたから、これはいずれも社会問題として注目されます。

そのため精神医学や臨床心理学の世界ではトラウマの研究が進み、自然災害の被災者や誘拐事件の被害者などにも、戦争神経症と同じような症状が見られることがわかりました。

そして1980年には、アメリカ精神医学会の診断マニュアルである「DSM」（Diagnostic and Statistical Manual of Mental Disorders ＝精神障害の診断と統計マニュアル）の第3版（DSM-Ⅲ）に、「PTSD（心的外傷後ストレス障害）」という診断名が採用されたのです。

やがて、戦争、レイプ、災害といった一度の悲惨な体験だけでなく、長期間にわたって行われる幼児虐待や性的虐待などがもっと複雑なＰＴＳＤの原因になると見なす学説も出てきました。さらに、ボーダーライン患者の多くも過去に虐待の経験があり、そのトラウマが病気の原因だと考える研究者も出てきます。

これは、活躍の場を失いつつあった精神分析にとって、生き残りのチャンスになりました。患者の過去を暴き出す手法がＰＴＳＤに有効なのであれば、活躍の場は大きく広がります。

そのため、かつてフロイトが唱えた「心的現実論」が厳しい批判を受けたこともありました。患者が思い出した過去の虐待体験は事実ではなく、無意識の欲望によって歪曲《わいきょく》された偽りの記憶だというフロイトの見立ては、ＰＴＳＤという病気そのものを否定することにもなりかねないからです。

▼「トラウマ」の自覚が症状をかえって悪化させる？

ともあれ、ＰＴＳＤに対しては、患者にトラウマ記憶を思い出させる手法が主流になりました。その上で、イヤな過去に対する恨みつらみを患者にぶちまけさせる。そこで得られる「カタルシス効果」によって、患者の心がスッキリするというわけです。

ところが1997年に、こうした治療法に重大な疑問を投げかける研究結果が発表されました。PTSD治療の実態を調べたのは、『目撃証言』の著者として知られる女性心理学者、エリザベス・ロフタスです。

その調査によれば、PTSDの治療を受けている30人のうち26人がトラウマ記憶を思い出しましたが、治療効果はあまり上がっていませんでした。トラウマ記憶を思い出した全員が、その後も3年以上、治療を受け続けていたのです。そのうちの18人は、治療に5年以上もかかっていました。トラウマを思い出しても、PTSDの症状に長く苦しめられていたわけです。

しかも、治療前に自殺未遂をしたのは30人のうち3人だけだったのに、トラウマ記憶が蘇った後には20人もの患者が自殺を企てました。自傷行為も増えています。さらに驚くべきことに、30人全員が、治療を受けた後に離婚していました。患者たちの心の状態は、明らかに治療前より悪くなっていたのです。

こうなると、トラウマ記憶を思い出させるのは「寝た子を起こす」ようなものだということになります。カタルシスを得てスッキリするどころか、かえって患者を苦しませることにしかなりません。

　そのためアメリカでは、トラウマを思い出させるような治療が批判にさらされ、すでに下火になっています。生き残るための「最後の砦《とりで》」ともいえたＰＴＳＤ治療でも有効性を示せなかったフロイト流の精神分析は、少なくともアメリカの臨床現場においては、もはや風前の灯《ともしび》といってよいと思います。

　そんなこともあって、アメリカではますますコフート流の「共感」による治療が広く受け入れられるようになりました。

　コフートも病気の原因を「過去」には求めますが、それを患者に伝えてカタルシス効果を狙うようなことはしません。あくまでも患者が置かれた「今」の状況を理解し、その心に寄り添って自己愛を満たしてやりながら、心の歪みを治そうとするのが、コフート流の精神分析です。

　そして、「過去」より「今」を重視する精神療法をいち早く取り入れていたのが、森田とアドラーでした。

　70年代から80年代にかけてトラウマ論が盛り上がった当時は、ＰＴＳＤや解離性同一性障害（いわゆる多重人格）の患者にもカタルシスを与えたり、過去の記憶と現在の記憶を統合させようという治療が行われましたが、森田やアドラーなら、やはり原因ではなく目的を考えたでしょう。子どもが親に注目されるために問題行動を起こすのと同じように、患者が別人格になるのは何か目的があるはずだ、と考えるわけです。

たとえば大人なのに子どものような別人格が出てくるのは、そのほうが他人に甘えられるからかもしれません。あるいは、他人を激しく攻撃するために凶暴な人格に「変身」しているケースなどもあり得ます。

そういった目的がわかれば、トラウマを掘り起こさなくても、対処法は考えられるでしょう。甘えや攻撃の対象となっている周囲の人々との関係性をうまくコントロールすれば、別人格を出す必要がなくなるのです。

また、森田療法的な発想なら、患者がいくつの人格を持っていようが、それにはとらわれないでしょう。仕事や生活などの環境を考慮しながら、おかしな人格が出現してもうまく生きられるようなアドバイスをするのです。そこそこうまく生きられるようになれば、徐々に別人格は出なくなるかもしれません。

▼今の主流は「変えられるものを変える」療法

部分より全体、原因ではなく目的、過去より今。これらを重視するのが、アドラー心理学と森田療法の共通点です。これは、別のいい方をすると「変えられるものを変えていく」ということになるでしょう。

森田療法で、症状の「とらわれ」を避けて全体を考えるのは、自分で変えられないものについてくよくよと悩んでも意味がないからです。

たとえば赤面恐怖症の人は、顔が赤くなるのを自力で変えることはできません。それなら、自分で変えられるものは何かを考えたほうがいいでしょう。それは、症状という「部分」から離れて全体を見ないとわからないのです。

また、当たり前のことですが、過去に起きた病気の原因も自分では変えることができません。自分で変えることができるのは、「今」の行動です。

それを変えるためには、自分の目的に気づかなければいけません。本当の目的は赤面を治すことではなく、対人関係を良くすることだとわかれば、行動をどう変えればよいかもわかります。

このような考え方は、アドラーや森田が生きた時代にはほかにありませんでした。しかし現在は、この「変えられるものを変える」という発想による心理療法が、スタンダードな方法として定着しています。

「認知療法」「行動療法」「認知行動療法」などと呼ばれるのがそれです。名前が似ているので混同しやすいのですが、この三つは微妙に違う（重なるところもある）ものです。

まず「認知療法」とは、心の状態を変えるために、物の考え方や受け止め方を変えていく治療法のこと。主に、うつ病の治療に使われる手法です。

うつ病の患者は、往々にして考え方が悲観的になります。たとえば会社で「部長が呼んでいますよ」といわれると、「きっと怒鳴られるのだろう」「左遷を告げられるに違いない」などと、何の根拠もなく思い込んでしまうのです。

これによってますます心の状態が悪くなるので、認知のところで悪循環を止めなければいけません。そこで認知療法では、その思い込みや決めつけを是正することで、治療を試みます。

たとえば、患者にある状況で自分の考えたことを文章で記録させ、実際にそれが起きる確率を書かせます。

すると患者は、まず「100%」とは予想しません。「絶対に怒鳴られる」と思っても、その確率はせいぜい80%や90%。それを見て、本人は「ほかの可能性もある」と気づき、自分の認知が歪んでいることが理解できたり、ほかの可能性が考えられるようになります。これはうつ病で悲観的になった患者さんの認知を変えて、症状を改善するだけでなく、その予防にも用いられます。

次の「行動療法」は、行動を変えることで心の状態を変えるというやり方。よくあるのは、不登校の子どもを手を引っ張ってでも学校に通わせるというものです。

不登校の原因である心の問題はなかなか解消できませんが、行動を適応的に変えるのはそう難しくありません。「心はそのままでもうまく生きられるようにする」ことを目指すアドラーや森田の考え方とよく似ています。

原則的には適応行動には賞を与え、不適応行動には罰を与えるということになります。ところが、これが逆になることが多いのです。

たとえば、心因性のぜんそくの子どもの場合、適応行動は発作がない状態であり、不適応行動は発作です。ところが多くの親は発作があるときのほうが、慌て、子どもを抱きしめたりします。すると不適応行動がますます助長されることになります。

そこで、発作がないときに、買い物やごちそうに連れて出かけるように賞を与え、発作が出たときには、発作止めでも渡して無視をするということをします。すると発作が出ない方向に体が変わっていくものとされています。アドラーが、非行少年を叱るのは、注目されるという賞を与えるようなものだと考えたのと似た方向性です。

最後の「認知行動療法」は、行動を変えることで認知を変えるもの。たとえば「電車に乗るとパニック状態になってしまう」と思い込んでいる人を実際に電車に乗せて、パニックが起こらないことに気づかせるのが、この手法です。「行動によって気づかせる認知療法」といってもいいでしょう。

今は、重症のうつなどで、認知療法的な治療者と患者との話し合いが難しい際などに、まず行動が変えられることを示していくという導入としても用いられます。昔と違って、純粋な認知療法という考え方より、認知行動療法をうまく組み合わせるというのが現在のトレンドです。

▼生まれつきのパーソナリティを活かすために

この三つは、いずれも「変えられるものを変える」ことによって、いわば外堀を埋めるように心のあり方を変えていこうとするものです。

認知療法と認知行動療法は、日本でも2010年にうつ病の治療法として医療保険が適用されるようになりました。アドラーや森田が始めた「からめ手」からの心理療法が、ようやく社会的な市民権を得たといえるでしょう。

認知療法や行動療法は、従来の精神分析と比べて「即効性」のある治療法です。精神分析は患者のパーソナリティ（性格）まで変えようとするので何年もかかりますが、この三つは認知や行動さえ変わればよいと考えるので、そんなに時間はかかりません。ただし、患者のパーソナリティまで変える必要はないと考えるので、心の深いところにある問題まで解決するものではないといえるでしょう。

その点、アドラーと森田の治療はもう少し先まで踏み込むものになっています。パーソナリティを変えることまで考えないのは認知療法や行動療法と同じなのですが、彼らは患者のパーソナリティをうまく活かせるような生き方を模索するのです。

たとえば森田は、不安や恐怖にかられやすく、神経症的な症状になりやすいパーソナリティのことを「神経質性格」と呼びました。このタイプの人は、きわめて几帳面で真面目なので、何事にも完璧を求める傾向があります。だから神経症になりやすいのですが、それは裏を返せば「より良く生きたい」という気持ちが強いのだと森田は考えました。彼の言葉でいえば「生の欲望」が旺盛なのです。

神経症という病気のことだけにとらわれると、できればその性格は直したほうがいいという話になるでしょう。

しかし患者の全体を考えれば、決して悪いことばかりではありません。その「生の欲望」を仕事や勉強などに向ければ、社会的な成功も得られます。

このような発想は、認知療法や行動療法にはありません。認知や行動を変えることで、社会生活に不適応な人を適応的にするところまではサポートしますが、患者の人生をより良い方向に向かわせることまではしない。いわば、患者の抱えているマイナスをゼロにするだけで、さらに何かをプラスすることまでは考えないのが認知療法や行動療法です（もちろん、今のように世の中全体が決めつけが激しい時代には、柔軟な考え方ができる認知療法を受けた人のほうが、結果的に成功者になれる可能性が高いかもしれませんが）。

しかし森田療法は、患者がより積極的に生きられるようになることを目指しました。アドラーにも、似たような面があります。

アドラー心理学の「ライフスタイル」という概念は、それぞれの人間が自分の劣等感を埋めるためにどのような優越性を目指し、それを実現するためにどんな努力をするか——という生き方の全体像を意味していました。マイナス（劣等感）を埋めるだけではなく、積極的にプラス（優越性）を手に入れるところまで視野に入っていたわけです。

そして、患者が対人関係における問題を解決するために治療者が行うサポートのことを、アドラーは「勇気づけ」と呼びました。

たとえば、劣等コンプレックスなどのせいで対人関係がうまくいかない人に成功体験をさせて自信を持たせるのも、「勇気づけ」の一つです。ライフスタイルはあくまでも本人が決めるものですが、治療者の「勇気づけ」によってより前向きな意識を持つこともあるでしょう。

▼時代がアドラーや森田に追いついた？

その意味で、森田療法やアドラー心理学は、単に「心の病を治す精神療法」ではありません。より積極的に相手を「元気にする心理療法」だといえるでしょう。

より良い人生を送るための指針になるものだからこそ、アドラー心理学は自己啓発の分野にも大きな影響を与えました。心の病を抱える人だけではなく、通常レベルの不安や悩みを抱えている人にも役に立つ考え方を、アドラーは提示しました。

現代社会は、漠然とした不安に包まれながら、自分の生き方に迷いを感じている人々が大勢います。それも、忘れられていたアドラー心理学が見直されている理由の一つなのではないでしょうか。

もちろん、今、アドラーが見直されているのは、精神療法としての先見性があったことが最大の理由でしょう。フロイトが無意識を発見して以来、精神療法は紆余曲折を経て発展してきました。そして現在は、無意識の領域にある「原因」を探るより、意識レベルで患者の心を動かしていく手法が主流になっています。ようやく時代がアドラーや森田に追いついたということもできるでしょう。

とはいえ、先ほどは「もはや風前の灯」といいましたが、フロイト流の精神分析が完全に役目を終えたわけではありません。

たとえばコフートの「共感」によるボーダーライン治療が有効なのは、自己愛性パーソナリティ障害という比較的程度の軽い患者です。カーンバーグが相手にしていたような重症のボーダーライン患者にはあまり通用しません（重症のボーダーラインの患者にどのような治療が適切かは今でも議論が分かれています）。また、アドラーや森田が相手にしていたのは、コフートの患者よりも軽い神経症の人々です。

症状の重いボーダーライン患者の場合、意識レベルの対応だけでは治療が困難なようです。やはり、カーンバーグのように無意識の領域に踏み込む必要があるかもしれません。

事実、カーンバーグはフロイト的な手法で一定の成果をあげていました。前述したとおり、コフートが生き残ったのは、精神分析にお金を使える富裕層に自己愛性パーソナリティ障害が多かったことが一つの理由です。カーンバーグのやり方がボーダーライン患者に通用しなかったわけではありません。

ですから今後も、フロイト的な考え方は何らかの形で生き残るでしょう。「無意識の発見」は、そう簡単に捨てられるほど矮小《わいしょう》なものではありません。精神分析をはじめとする心理療法が続く限り、フロイトの影響は残り続けるだろうと思います。

5章 心理学は今、どこまで人の心を癒やせるようになったか

▼「思い込み」から自分をラクにする

ここまで、フロイトとアドラーの考え方を中心に、心理療法の歴史を振り返ってきました。さまざまな試行錯誤を通じて、「役に立つ心理学」が生き残ってきたことがわかってもらえたと思います。

もちろん、どんな病気にも役に立つ万能の心理学はありません。たとえば神経症とボーダーラインでは、有効な心理療法も違ってくる。同じボーダーラインでも、症状の重さが違えば、カーンバーグとコフートのような対立も生じるのです。

その意味では、臨床心理学の理論や考え方に「正解」はないともいえるでしょう。その時代に多い病気の種類、社会の経済状況、人々の価値観や幸福感など、世の中の変化にしたがって、求められる心理療法も変わってきます。

では、今の社会に多い心の病に、心理療法はどのようにアプローチしているのでしょうか。

個別の症状について見ていく前に、今の時代に求められる心理療法の基本的な考え方をお話ししておきましょう。大まかにいって、ポイントは三つあると私は思います。

一つは、その人が持っている「思い込み」を解きほぐして、柔軟な考え方ができるように仕向けること。典型は認知療法や認知行動療法ですが、たとえばストロロウのいう組織化原則も、ある種の「思い込み」といえるでしょう。

アドラーや森田の目的論も、思い込みから脱却させる面があります。アドラーなら、「子どもが非行に走るのは自分の育て方に問題があったからだ」という思い込みから親を解放する。森田なら、「顔が赤いと嫌われる」という思い込みを修正することで、患者の行動を変えるのです。

物事を思い込みで判断するのは、心の健康を損ねていない人にとっても、当然ながら良いことではありません。

ちなみに認知心理学では、その人の認知に枠組みを与える知識のセットのことを「スキーマ」と呼びます。これは誰にでもあるもので、もしスキーマがなければ日常生活に支障が出るでしょう。

たとえば椅子にはさまざまな形がありますが、それを見たときに「これは何だろうか」といちいち考えずに椅子だと判断できるのは、椅子に関するスキーマがあるおかげ。初めて見る形の椅子が椅子だとわからなければ、テーブルと間違えておかしな行動を取ってしまうかもしれません。

しかしスキーマには、両刃《もろは》の剣《つるぎ》のようなところがあります。「椅子＝腰掛けるもの」というスキーマが強すぎると、たとえば蛍光灯を交換するときに踏み台として使うというアイデアが思いつきません。賢く生きていくためにも、思考の幅を狭める「思い込み」はできるだけ避けたいものです。

▼アドラーの「共同体感覚」に見る、対人関係のヒント

心理療法の二つめの基本は、対人関係をうまくできるようにすることです。アドラーが「人間の悩みはすべて対人関係の悩みである」といったとおり、心の健康を保つ上でこれほど重要なものはありません。だからこそ、臨床心理学はフロイト的な「ワン・パーソン・サイコロジー」からコフート的な「ツー・パーソン・サイコロジー」へと移行してきました。治療者とのあいだの情的な交流を通じて、対人関係能力の改善を図ろうとしているわけです。

アドラーは、子どもの教育においても、対人関係能力を育てることが重要だと考えました。アドラーは、人間の心が社会との関係の中でつくられると考えます。どのような社会

にも適応できる人間になるには、人間関係をうまくつくれなければいけません。

そのために必要だと考えられたのが「共同体感覚」です。アドラーは「それ以上は分割できない存在としての個人」を全体として観察しましたが、心の問題はその個人の内部だけで片づくものではありません。個人の心がバランスを保つには、自分の周囲を取り巻く共同体の一員であることを感じられなければいけません。

アドラーはその共同体感覚について「生まれつき備わった潜在的な可能性で、意識して育成されなければならない」と述べています。誰でも持つことはできるけれど、放っておいても身につかない。それはちょうど「自転車に乗れるようになる練習と同じことである」というのが、アドラーの説明です。

アドラーによれば、この共同体感覚が未熟な人間は、自分の行動が共同体にどう影響を与えるかを考えようとせず、自分の利益だけしか目に入りません。逆に、共同体感覚が発達している人は、自分の利益のためだけでなく、より大きな共同体の利益にもなるように行動します。

どちらが良好な対人関係を築けるかは明らかでしょう。共同体感覚の欠如した人は人間関係がうまくいかず、そのため心に問題を抱えやすくなるのです。

この「共同体感覚」という概念は、コフートの自己心理学の理論とひじょうによく似ていると私は思います。

というのも、共同体感覚を身につけるには、相手の立場に立って、その心のあり方を想像できなければいけません。そしてコフートも、相手の立場に立って相手の心を観察することを共感と呼び、それを自分の理論の主柱に置き、成熟した自己には欠くことのできないものと考えました。

相手の気持ちを想像することができず、自分の思いだけで暴走するストーカーのような「未熟な自己愛」の持ち主は、まさにアドラーのいう「共同体感覚が未熟な人間」でもあるでしょう。

ただし、なかには、アスペルガー症候群のように、脳機能に生まれつき問題があるために他者との情緒的な交流が困難な精神障害もあります。その場合、共同体感覚や自己愛の成熟を促すのは難しいでしょう。

しかし、それでも対人関係能力を身につけさせる方法がないわけではありません。「相手がこうしたら、自分はこうする」というパターンを覚えれば、情緒的な反応ではなくても、テクニカルに対人関係を無難に処理することはできます。

これは、「症状があってもうまく生きられるようにする」という森田療法の発想にも通じるものでしょう。全体論と目的論で考えれば、「変えることのできない症状」にとらわれず、足りないものをテクニックでカバーすることができるのです。

▼「うつ病」「パニック障害」…感情コントロールのための〝近道〟

三つめの基本は、「感情のコントロール」です。うつ病、ボーダーライン、パニック障害、社会不安障害など、感情の制御ができずに本人が苦しんだり、周囲の人々が迷惑をこうむったりする病気は少なくありません。それをうまくコントロールできるようにするのも、心理療法の重要な役目でしょう。

その手段は、病気の種類や症状のレベルによって異なります。何らかの形でリラグゼーションを与えることで感情が落ちつくケースも少なくありません。

しかし感情のコントロールができなくなった人に、「リラックスして感情をコントロールしましょう」といっても、そう簡単にはいきません。それができるなら、うつ病やパニック障害にはならないでしょう。

そこで、別の方向からアプローチして感情の問題を解決しようとするのが、認知療法や行動療法です。とくに認知療法は、うつ病に対する効果が大きく、この病気における心理療法の主流となりました。

うつ病は、「気分障害（ムード・ディスオーダー）」「感情障害（アフェクティブ・ディスオーダー）」という病気の群の一つとされるとおり、感情の病気です。もう一つの精神病である統合失調症が妄想に苦しむ「認知の病気」とされるのと、対照的だといえるでしょう。とはいえ、前章でも述べたように、感情の病気であるうつ病にも「妄想＝認知の歪み」は生じます。

感情が落ち込んだせいで、ちょっと胃が痛いだけで「自分はがんに侵されたに違いない」と思い込んだり、かなりの貯金があるのに「病気で会社を休んでいればすぐに破産して貧乏になるはずだ」と決めつけるなど、現実離れした思考にとらわれてしまうのです。

その歪んだ認知を正すのが、認知療法にほかなりません。しかし、認知の歪みを直すことで感情の落ち込みがやわらぐのは、考えてみると不思議なことではないでしょうか。

というのも、うつ病患者が抱く妄想は、感情が落ち込んだことによる結果として生じるものです。その結果のほうを治すことで、感情という原因が良くなるのは、「痛みを取り除けば骨折が治る」のと同じような話。ほかの怪我や病気では、あり得ないとされています（熱を下げてやると元気が出てきて、結果的に風邪が治るようなことはありますが）。

ところが心の病気の場合は、その不思議なことが現実に起こります。「認知の病気」である
はずの統合失調症も、周囲がやさしく接するなどして、感情の温かみを感じられる環境を用意すると、患者の妄想が軽くなることがあるのです。

うつ病は認知を修正することで感情が良くなり、統合失調症は感情面に訴えかけることで認知が修正される。認知と感情は、切り離せない関係性があるのかもしれません。

認知を変えていくことなどによって、感情のコントロールをよくしていくというのが、今の心の治療のトレンドです。

▼依存症は「意志」が壊れる病気

以上、心理療法の基本的な方針についてお話ししました。もちろん、心理療法は万能ではないので、このいずれかが必ず心の病に有効というわけではありません。当然ながら、心理療法では治しにくい病気もあります。

その一つが、「依存症」です。

快感や高揚感をともなう行為を繰り返しているうちに、その刺激への欲求が抑えられな

くなり、自分にとって良くないとわかっていながらもやめられなくなる状態のこと。アルコールや薬物など、モノによってはやめると禁断症状が出ます。要するに「やめられない止まらない」の病気だと思えばいいでしょう。

現代社会は、この依存症を招く刺激が増えている印象があります。昔からあるアルコール依存、ニコチン依存、薬物依存に加えて、ゲーム依存、パチンコ依存、ネット依存、ケータイ（スマホ）依存など、ハマったら抜け出せなくなるおそれのあるアイテムが、私たちの身の回りには数多くあるのです。

これは、企業経営者の責任も大きいのではないでしょうか。とくに日本には、「依存症ビジネス」としか呼べないような事業を展開している業界がいくつもあります。テレビを見ていると、パチンコ、ケータイ、ゲーム、アルコールといった依存性の高い商品やサービスのＣＭばかり目につくのです。

そんな状況ですから、今後ますます依存症が深刻な社会問題になる可能性があります。ところが、これは心理療法が効きにくい。認知でも感情でもなく、「意志」が壊れる病気だからです。

一般的に、意志の強い人は目先の誘惑に負けず、我慢することができます。これは、脳内にあると考えられる「報償系《ほうしょう》」の働きによるもの。報償系は、生まれつき備わっているわけではありません。子どもの頃からの教育によって、「今、これを我慢すれば後で多くの報償を受けられる」ということが植えつけられます。

有名な「マシュマロ・テスト」は、この報償系の働きと社会的成功の関連を調べたものでした。

4歳の被験者を座らせた机には、マシュマロが一つ載った皿が置かれています。実験者の大人は「そのマシュマロはあげるけど、私が戻るまで15分のあいだ食べるのを我慢してたら、もう一つマシュマロをあげよう。私がいないあいだにそれを食べたら、二つめはなしだよ」といい置いて、部屋を出て行く。我慢してマシュマロを食べなかった子どもは、およそ3分の1程度でした。

実験チームは、その子どもたちを十数年後に追跡調査しています。その結果、4歳当時の自制心の有無はそのまま持続していることがわかりました。

そして、マシュマロを食べなかったグループは、我慢できずに食べたグループよりも周囲から優秀な人物と評価されており、大学進学適性試験の点数も高かったのです。勉強は「苦あれば楽あり」で、目先の快楽に負けていては成績も上がりませんから、この結果は誰でも納得できるのではないでしょうか。

　しかし、マシュマロを食べなかった子どもでも、依存症になれば報償系が壊れ、意志が弱くなり、依存症から抜けられなくなってしまうのです。「今、これをやれば後で大きな罰を受ける」とわかっているのに、目の前にある刺激に飛びついてしまうのです。

　これは、いくら「パチンコばかりやっていたら生活が苦しくなりますよ」とか「ゲームをやめないと勉強や仕事に支障が出るぞ」と理屈で教えても、止めることはできません。本人も、そんなことはわかっています。もともと意志が強かった人でも、覚せい剤などの依存症になってしまうと、がまんができなくなってしまうのです。

　依存にストップをかけるには、その刺激を完全に遮断する以外に方法がありません。

　しかし、アルコールやパチンコならともかく、ネット依存やケータイ依存の場合、それ自体はすでに生活必需品になっているので厄介で、完全に遮断するわけにはいきません。

　子どもの場合は、保護者が管理する以外にないでしょう。家庭内で「1日3時間まで」とか「夜8時以降は禁止」などのルールを決めて守らせないと、依存は断ち切れないと思います。それから離れている時間が長いほど、依存症のリスクが下がり、予防になるのは、確かなことなのですから。

▼謝罪会見でさえ快感を得る「演技性パーソナリティ障害」

ボーダーライン＝パーソナリティ障害も、現代社会で目立つ精神疾患の一つです。

神経症や精神病（うつ病と統合失調症）と違い、症状をひとことで説明できないため、何をもってパーソナリティ障害というのかなかなか難しいのですが、簡単にいえば「社会への適合が困難な個性」の持ち主ということになるでしょうか。

アメリカの診断基準「ＤＳＭ」（前出）では、パーソナリティ障害を次の三つのクラスターに分類しています。

・クラスターＡ（奇異群）　風変わりで自閉的で妄想を持ちやすく奇異で閉じこもりがちな性質を持つ：妄想性パーソナリティ障害、スキゾイドパーソナリティ障害、統合失調型パーソナリティ障害。

・クラスターＢ（劇的群）　感情の混乱が激しく演技的で情緒的なのが特徴的。ストレスに対して脆弱で、他人を巻き込むことが多い：反社会性パーソナリティ障害、境界性パーソナリティ障害、演技性パーソナリティ障害、自己愛性パーソナリティ障害。

・クラスターC（不安群）　不安や恐怖心が強い性質を持つ。周りの評価が気になりそれがストレスとなる性向がある：回避性パーソナリティ障害、依存性パーソナリティ障害、強迫性パーソナリティ障害、特定不能のパーソナリティ障害。

ここで注目していただきたいのは、精神分析の歴史の中では、ボーダーラインというのは、神経症と精神病の間に位置する状態全般、つまり今でいうところのパーソナリティ障害全体を指すものとなっているのですが、現在の精神医学では、ボーダーラインは10個あるパーソナリティ障害のうちの一つ、クラスターBの中の一つというように、数あるパーソナリティ障害の一つと考えられていることです。

いずれにしてもそれほど明確に線引きできるものではありませんし、WHO（世界保健機関）では、これとは別の分類をしていますので、一つひとつの障害について詳述はしません。

このリストを眺めれば、おおむねパーソナリティ障害がどんなものかは把握できるでしょう。自分の身の回りにも、心当たりのある人は多いだろうと思います。

また、近頃はメディア上でも、パーソナリティ障害を疑いたくなるような人物をしばしば見かけます。虚偽や捏造などの不祥事を起こして謝罪会見を開くのですが、そこでも妙に活き活きしており、堂々とした態度で口から出まかせのような言い訳を並べ立てたりするのです。先の分類でいえば、「演技性パーソナリティ障害」に該当するかもしれません。

アドラー流の目的論でいえば、そういう人は会見でどんなに厳しい質問を受けても、嘘をつくのをやめないでしょう。嘘をつくのは、多くの人から注目を集めることが目的だからです。

したがって、謝罪会見に多くの記者が詰めかけ、その姿がテレビで全国に流されても、恥ずかしいとは思いません。むしろ、注目されればされるほど満足します。

だとすれば、そういう人間に自分のしたことを反省させるには、みんなで無視するのが一番いいのかもしれません。もし、自らセッティングした会見場に記者がほとんど現れず、新聞やテレビでの報道も小さければ、嘘をついても目的が達せられなかったことになるので、「あんなことをしなければよかった」と思う可能性があります。

そういう意味では、パーソナリティ障害には行動療法的なアプローチがある程度は有効だといえるかもしれません。周囲の反応が自分の期待と違い、不適応な行動を取っても目的が達せられなくなれば、その行動に歯止めがかかる可能性があります。

ただ、どのパーソナリティ障害であれ、本人のパーソナリティそのものを心理療法によって変えるのは、かなり難しいでしょう。

主に自己愛性パーソナリティ障害を相手にしていたコフート流の精神分析も、「共感」によって対人関係のあり方を適応的にすることはできますが、パーソナリティ自体を変えるのは容易ではありません。治療には何年もかかりますし、しかも完治したという証明も得にくいからこそ、アメリカでは保険の対象から外れてしまったのです。

▼治療不可能な「反社会性パーソナリティ障害」への対処法

また、パーソナリティ障害の中には、残念ながら原則的に治療不可能と考えられているものもあります。それは、「反社会性パーソナリティ障害」です。

これは、かつて「サイコパス」と呼ばれていました。

モラルが欠如しており、他人の権利や感情にまったく無頓着で、平気で嘘をつく傾向があります。凶悪で猟奇的な快楽殺人を起こして世間を騒然とさせるのは、たいがいこのパーソナリティ障害の持ち主だと思っていいでしょう。

良心や他者への共感が欠落しているので、常人には信じられないような冷酷な犯罪に手を染めてしまうのです。

そういう危険な存在ですから、治療ができないのは社会のためにも本人のためにもよくありません。治せる可能性があるとしたら、重症のボーダーラインを相手にしていたカーンバーグ流の精神分析でしょうが、多くの精神分析家が「反社会性パーソナリティ障害だけはどうにもならない」とお手上げ状態です。

では、どう対処すればいいのでしょうか。

反社会性パーソナリティ障害の人間は、人口の1～3％程度いると考えられています。決して少なくありません。放っておけば、誰でも被害者になるおそれがあります。

そこで頼りになるのは、法律しかありません。このタイプはさまざまなトラブルを起こしますが、その中でも最悪の殺人だけは法律の力で食い止めたいところです。

そして、実はすでに（少なくとも日本の場合は）法律上のストッパーが存在します。それは、死刑制度にほかなりません。

反社会性パーソナリティ障害の人は、人を殺すことを悪いと思っていませんし、むしろそれによって快感を得たりするので、死刑制度があろうがなかろうが同じだと思う人もいるでしょう。

しかし彼らは、自分の命も他人の命と同様に扱うわけではありません。自分が死ぬのは、やはり怖いのです。

ときどき連続殺人を「死刑になるためにやった」という犯人がいますが、これは、反社会性パーソナリティ障害ではなく、うつ病の自殺願望がからんでいるのではないかという説が有力です。最近では、ある種のうつ病の薬の副作用で、このような精神状態が生じるという説もあります（実際、大阪の附属池田小事件も秋葉原通り魔事件も同じような薬を飲んでいたことが明らかになっています）。

しかしながら、死刑制度の存在は、間違いなく反社会性パーソナリティ障害による犯行の歯止めになっていると私は思います。彼らの性格が治らないのなら、死刑が怖いという認知面からのアプローチで、それを防いでいくしかないからです。

▼「法律」はどこまで歯止めになるか

もちろん、死刑制度がすべての殺人の歯止めになるとは思いません。むしろ、大半の殺人事件は、死刑制度があろうとなかろうと起きるでしょう。

殺人事件の9割近くは、怨恨などを動機とする顔見知りの犯行です。彼らは「あいつが生きている限り自分は幸福になれない」「殺さなければ自分はもうおしまいだ」などと思い詰め、やむにやまれず犯行に至るので、死刑制度は抑止力になりません。

また、ほとんどの人は他人を殺そうとは思いませんが、それは死刑制度があるからではないでしょう。法律がなくても人殺しは悪いことだと思っているし、そもそも殺したいほど邪魔な相手がいないから、殺人をしないだけの話です。そう考えると、死刑廃止論にも一定の説得力を感じる人がいるでしょう。

しかし、もし死刑制度がなければ、反社会性パーソナリティ障害による快楽殺人や通り魔事件は増加する可能性が高い。人口の1～3％ですから、日本なら100万～300万人程度の「予備軍」がいることになります。その中には、死刑制度があるために殺人を思いとどまっている人が少なからずいるはずです。

だとすれば、私たちはすでに死刑制度のおかげで命拾いをしているといっても過言ではありません。

もちろん、死刑制度があっても、「完全犯罪」を実行して捕まらなければ大丈夫なので、それでも殺人を犯すサイコパスはいます。でも、だからといって死刑制度が抑止力になっていないわけではない。殺されていないから実感できないだけで、実際は相当数の殺人事件が予防できていると考えたほうがいいと私は思っています。

また、死刑でなくても、反社会性パーソナリティ障害の人が受けたくないと思っている刑を用意するという考え方もあります。

たとえば、日本には終身刑はありませんが、一生刑務所は嫌だと思う人もいるでしょう。あるいは、レイプを二回以上やった人間には去勢という刑を用意すれば、やらなくなるし、実際にやれなくなるでしょう。

死刑の存廃論議は、これらのことも踏まえた上で行わなければいけません。

▼「ストーカー」にも2タイプがある

ところで、パーソナリティ障害による犯罪といえば、ストーカーも深刻な問題です。ここ数年間でも、逗子[※1]、新橋[※2]、三鷹[※3]などでストーカー殺人が発生しました。

人を殺したといっても、これはいずれも快楽殺人ではなく、顔見知りが「やむにやまれず」（と本人が勝手に思い込んで）犯したものなので、反社会性パーソナリティ障害によるものではないでしょう。

では、どの障害なのかといえば、これには二つの可能性が考えられます。先に挙げた三つの事件のうち、新橋の一件と逗子・三鷹のケースでは、おそらく意味が違うでしょう。逗子と三鷹の犯人は被害者の「元交際相手」ですが、新橋で「耳かき嬢」を殺害した犯人は被害者の客ではあっても交際歴がないからです。

逗子と三鷹の犯人は、いずれも別れた元交際相手につきまとい、最終的には殺害しました。これは、比較的に典型的なボーダーライン・パーソナリティ障害によるものだと考えられます。

このタイプは、自分が愛されているときは「良い自己」が出ますが、相手に冷たくされ

※1　2012年11月、神奈川県逗子市で、既婚女性がかつて交際していた男に殺害された事件。被害女性は名字が変わり、住所も引っ越していたが、県警が脅迫罪の逮捕状を執行する際、女性の結婚後の名字や転居先の市名などを読み上げていたことが問題になった。
※2　2009年8月、東京・新橋の民家で、秋葉原の耳かき専門店で働く女性が、常連客だった男に、同居していた祖母とともに殺害された事件。
※3　2013年10月、東京都三鷹市で、元交際相手に自宅で待ち伏せされて殺害された事件。振られた腹いせに元恋人の裸の写真や映像をネットに投稿する「復讐ポルノ（リベンジポルノ）」の問題を世に知らしめた。

ると、あるいは相手が悪い対象と感じられるとメラニー・クラインのいう「スプリッティング」が生じ、攻撃的な「悪い自己」が顔を出します。交際時の愛情が深いほど、別れ話を切り出されてからの憎悪も大きいでしょう。

一方、新橋の事件を起こした犯人は、秋葉原の耳かき専門店に通い、そこで働いていた被害者女性をいつも指名していました。ところが、あるとき店外で会うことを要求して断られ、店を出入り禁止になったときから、女性へのストーカー行為を始めたといいます。

つまり、愛情は犯人から被害者への一方的なものであり、男女の恋愛関係はありません。これは、好きな芸能人につきまとうストーカーと同じようなものだといえるでしょう。相手の気持ちはおかまいなしに、自分で勝手に相手との関係は特別なものだと思い込む。これは先ほどのボーダーライン・パーソナリティ障害ではなく、「ＤＳＭ」でクラスターＡに分類されている妄想性パーソナリティ障害だろうと思います。

いずれにしても、有効な心理療法はコフートやカーンバーグが行ったタイプの精神分析ということになるでしょう。どちらかというとボーダーライン・パーソナリティ障害のほうが対処はしやすいでしょうが、治すのが難しいことに変わりはありません。

しかし、パーソナリティを根本的に変えるのは難しくても、治療を受けることによって行動を少しでも適応的にすることは可能です。反社会性パーソナリティ障害とは違いますから、殺人という最悪の事態に至らないようにコントロールすることはできるかもしれません。

治療を受けさせるのはなかなか難しいとは思いますが、無言電話や待ち伏せなどのストーカー行為が発覚した時点で精神医療が関与できるとよいと思います。

また、ストーカー行為で捕まった人間が、処罰を終えて社会に戻った途端にまた被害者に襲いかかるケースも少なくありません。もし収監中に何らかの心の治療を行っていれば、そんな事態をある程度は防げるはずです。

覚醒剤なども、出所してはまた手を出して刑務所に戻るケースが多く、それが有名人だと「懲りない奴だ」などといわれます、もちろん刑務所の中では断薬はできるでしょうが、意志が壊れる病気が治るわけではありません。再犯を防ぎたいなら、犯罪者への依存症治療プログラムの充実を考えてもよいのではないでしょうか。

▼「拒食症」より「過食症」のほうが治療が難しいのはなぜ

さて、先ほど「依存症ビジネス」の話をしましたが、コマーシャリズムが少なからず影響を与えている心の病はそれだけではありません。女性に多い拒食症もそうです。摂食障害の一つで、正式には「神経性無食欲症」といい、１９６０年代から70年代にかけて爆発的に増加し始めました。

その背景には、女性の理想像に関する価値観の変化があったと考えられます。それまではグラマラスな女性がもてはやされていたのが、その頃からスリムな女性が憧れられるようになりました。「ツイッギー（小枝）」の愛称で親しまれたイギリス出身のモデル、レズリー・ホーンビーの登場がその象徴です。

この傾向は、現在でも変わっていません。雑誌をはじめとするメディアが、相変わらずスリムな女性をもてはやすからでしょう。アメリカでは、『ＰＬＡＹＢＯＹ』誌のセンターフォールド（中開きのグラビア）に載る女性のウエストサイズが減るにしたがって拒食症が増えたというカナダ人精神医学者の論文もあります。

当然ながら、若い女性が痩せるためにまともに食事をしないのは、将来のことも含めて健康によくありません。そのためヨーロッパでは、痩せすぎモデルを登用しない動きが広まっています。ところが日本は、世界でもいちばん拒食症が多い国であるにもかかわらず、そんな声がほとんど聞こえてきません。このままでは、今後も拒食症が増える一方でしょう。

その治療法としては、認知療法や行動療法が主流となっています。認知療法では、「痩せるのがカッコイイ」という思い込みをなくして、正しい健康的なボディイメージを持たせることが大切。行動療法では、不登校の子どもの手を引いて学校に行かせるのと同じように、とにかくちゃんと食事をさせることによって、考え方を変えさせます。

ところで、女性の摂食障害といえば、過食症も見逃せません。正式な病名は、「神経性大食症」。拒食症から過食症に移行するケースも多く、同じ病気の裏表のようなものだという見方もあります。

しかし治療に関しては、過食症のほうが難しいといえるでしょう。拒食症と違い、過食症は単なるヤセ願望だけではなく、過去に親からの虐待を受けているケースがよくあるからです。

なぜ虐待経験があると過食に走るかというと、食事には「親からの愛情」という意味があるため。拒食症になる人はむしろ愛情過多で育ったタイプが多く、「いつまでも子どものままでいたい」という思いがあるので余計に痩せたいと願うのに対して、過食症になる人は愛情に飢えていることが多いのです。

ところが食べたものは自分を虐待した親の記憶と結びついているので、親の愛の象徴である食べ物を吐いてしまう。「過食嘔吐」と呼ばれる症状で、これは認知療法や行動療法ではなかなか良くなりません。自己愛性パーソナリティ障害を合併していることもあるので、愛情を与えて育て直すタイプの精神分析的な治療が必要になるのです。

▼「非行」や「いじめ」に今、有効な対処法

精神疾患ではありませんが、教育現場における子どもの心の問題についても触れておきましょう。

子どもの非行については、今は行動療法が盛んに活用されています。

たとえばアメリカの学校では、1990年代から、いわゆる「ゼロ・トレランス方式」が導入されました。

文字どおり「寛容（トレランス）」をいっさい排除し、非行に対する細かい罰則を定めて、違反した場合はそれにしたがって毅然と処罰を行います。

アメリカでは1970年代から学級崩壊が深刻化し、校内での発砲事件や薬物汚染、学力低下など多くの問題が起こりました。そのためスクールカウンセラーをどんどん増やし

ていき、子どもたちの心をケアしましたが、問題はいっこうに減りません。

そこで採用されたのが、ゼロ・トレランス方式です。これは本当に厳しいもので、たとえば遅刻の回数やけんかの回数が規定の数に達すると、本人に理由や事情を聞くこともせず、すみやかに問題児を集めたオルタナティブ・スクールへの転校を命じられたり、退学処分を科せられたりします。これによって、校内暴力事件などは激減しました。

これは、相手の心を変えるより、行動を変えていこうという行動療法の応用例といえるでしょう。

一方、日本で生まれた「内観法」という心理療法も、アメリカでは非行少年の治療に使われています。

これは、実業家出身で僧侶でもあった吉本伊信《いしん》が創始したもので、もともとは修養法でした。それが臨床心理学に応用されるようになり、日本生まれの心理療法としては森田療法と並び称せられる存在となっています。

治療の基本となるのは、母親など自分と関わりの深い他者と自分との過去の関係を思い出すこと。母親などに（1）してもらったこと、（2）して返したこと、（3）迷惑をかけたこと、という「内観三項目」と呼ばれる観点から思い出し、それを面接者に告白します。

単に自分の内面を掘り下げるのではなく、他者（母親など）を鏡のように使って外から自分を観察する形になるため、人生観や世界観が変わり、それによって心の問題が解決することが期待される治療法です。

これは過去に受けたトラウマを思い出させるタイプの心理療法とは、対照的なものといえるでしょう。親から受けた虐待の記憶を思い出させても、「自分がこうなったのは親のせいだ」と恨みが増すばかりで逆効果になることが多いのですが、この内観法によって「親に大切にされたこともあるんだな」と気づくと、非行少年の心が改善することが多いようです。それまでの思い込みをなくすという点では、認知療法に似ているともいえるでしょう。

もう一つ、教育現場では「いじめ」の問題も深刻です。

いじめ自殺（あくまでもいじめが契機になった自殺ということで、いじめだけが原因でないというのが自殺研究者のコンセンサスになっていますが）のようなことが起こると、マスコミでは「子どもたちの心の闇」という決まり文句が語られ、「どうすればいじめは根絶できるのか」という議論になります。しかし、いじめをする子どもは心が病んでいるのでしょうか。

それこそアドラーの劣等コンプレックス論によれば、人間は誰しも他者より優越したいと思っています。

それを考えると、「いじめはいけない」「悪口をいってはいけない」などと指導しても、子どもたちの心が変わるとは思えません。誰かを自分よりも下に見たい気持ちは変わらないので、あまり「みんな仲良くしよう」と強調しすぎると、かえっていじめが陰湿化し、目に見えないものになっていきます。

子どもたちの自然なコミュニケーションの中で出てくる悪口を抑制することで、むしろ子どものコミュニケーションの発達が阻害される可能性もあります。

それより、ルールを明確化し、ここにもゼロ・トレランス方式を導入して、暴行や恐喝のような犯罪的ないじめは厳罰に処すような仕組みにしたほうがよいように思います。

あるいは、アドラーのいうように、別のことで注目される、以前のような成績優秀者やスポーツなどで評価されるシステムが再確立されるほうが望ましいかもしれません。

終章　フロイト・アドラーから100年、より良く生きるための心理学

▼脳科学だけでは心の仕組みは解明できない

わが国の精神医学はこれまで心理療法をあまり重視してきませんでした。森田療法や内観法のようなすぐれた心理療法も生み出してはきましたが、少なくとも大学の医学部は生物学的精神医学が主流です。

脳にはハードとソフトの両面があるので、脳科学と心理学はどちらか一方でいいというものではありません。心の病気を治療する上で、それは車の両輪のようなものです。しかし日本の現状は、脳科学偏重になっているといわざるを得ません。

日本の大学では、どういうわけか「脳のソフト」を扱う心理療法や精神療法があまり重視されていません。今、日本には80の医学部があるのですが、その中で、精神療法の専門家が精神科の主任教授を務めている医学部は一つもないのです。

もちろん精神療法をまったく無視しているわけではありませんが、精神科のトップは、どこも生物学的精神医学の専門家。日本国内ではそれが当たり前になっているようですが、これは国際的に見るとかなり歪《いびつ》な状態です。こうした日本の精神医学の現状はバランスを欠いているといわざるを得ません。

このような状態では、当然、「脳のハード」に関する研究が中心になるでしょう。教授クラスが精神療法の有効性をあまり認めていないのですから、そこで育つ精神科医はそのトレーニングをほとんど受けません。生物学的精神医学のトレーニングばかり受けているので、「薬漬け」の医療も横行するわけです。

目に見える臓器を観察して悪いところを見つけ、それを改善するための薬物を処方する――これはふつうの内科などでも馴染みのある医療なので、いかにも「医学らしい」アプローチだと感じる人は多いでしょう。目に見えない「脳のソフト＝心」を相手にする精神療法より、脳科学に基づく薬物療法のほうがわかりやすく、信頼しやすいという人もいるだろうと思います。

しかし、脳科学で人間の精神の仕組みを解明するのは、そう簡単なことではありません。というのも、生きている人間の脳を取り出して研究することはできないので、生物学的な脳科学の研究対象はほとんどが動物の脳です。

もちろん、その研究を通じて多くの成果を挙げてはいます。しかしながら、動物の脳でわかったことが、人間にも必ず当てはまるとは限りません。人間については、実証がきわめて困難なのです。

そのため、脳科学の分野では、主流となる学説がよく変わります。

たとえば、人間の脳の神経細胞の数。ほんの30年ほど前まで、それは「およそ140億個」とされていました。しかし現在は、「千数百億個」が脳科学での常識。以前とはケタが違います。そんな基礎的な問題さえ、学説が大きく変わり、なかなか結論が出ないわけです。

▼抗うつ剤の危ない側面

これまで、うつ病に関しては、「特効薬」と信じられた薬がいくつか登場しました。その代表は1988年に出たプロザックという薬で、これは当時「ハッピー・ドラッグ」などと呼ばれたものです。その後、プロザックを改良したSSRIやSNRIなどが登場し、抗うつ剤の主流となりました。

それが従来の抗うつ剤よりもすぐれているのは、体のほかの部分にあまり影響を与えずに脳の中だけで働くので、副作用が少なく、うつ病患者に不足している脳内のセロトニンやノルアドレナリンだけを増やすからです。しかし有効性は、旧来型の抗うつ剤と比較して特別に良いわけではありません。

しかも、SSRIやSNRIには無視できないデメリットがありました。うつ病を治すための薬であるにもかかわらず、服用者の自殺率が従来型の抗うつ剤よりも高いのです。うつ病に効くのに自殺が増えるのは不思議に思うでしょうが、うつ病患者が自殺に走りやすいのは、病気が治りかけのときです。重症のときは自殺する元気もないのですが、少し症状が良くなると一人で行動できることもあり、かえって自殺のリスクが高まるのです。また、SSRIは依存性が強いのではないかという指摘もあります。これは精神安定剤や睡眠薬にも以前からつきものの問題でした。その依存症に陥っている人が少なく見積もっても国内に10万人はいると見られています。

それが密売など犯罪の温床になることは、いうまでもありません。SSRIも、そうなるおそれがあるのです。

それだけではありません。もっと問題なのは、この薬が患者を「元気にしすぎる」ことでしょう。実は、凶悪な殺人事件を起こして世間を騒がせた犯人の多くが、SSRIを服用していたことがわかっているのです。

もちろん、SSRIを飲めば誰もがそんな事件を起こすわけではありません。そうなる確率は、きわめて低いものです。しかし、いくつもの事件の犯人が共通して同じ種類の薬を飲んでいたのは事実。単相のうつ病患者（うつ症状だけで、躁をともなわない患者）はそれほど問題はないのですが、躁うつ病の患者がうつ状態のときにSSRIを飲むと躁転し、場合によっては「大犯罪をやってのけるほど元気」になってしまうようなのです。

こうした多くの問題があるため、日本でもアメリカでも、うつ病の学会では「軽症のうつ病には薬を安易に使わないように」と明言しています。この病気に関しては、できるだけ薬を使わず、心理療法で対応するのが世界的なトレンドだといっていいでしょう。

▼うつ病の原因はセロトニンの不足ではない？

そもそも、うつ病の原因についても、今までとは別の考え方が出てきています。かつてはセロトニンという神経伝達物質の不足によって引き起こされるという学説が有力で、その説にしたがって薬がつくられていました。

しかし、セロトニンそのものを増やす抗うつ剤を投与しても、効き目がすぐには表れません。1～2週間経たないと、効果が出ないのです。

そこでさらに研究を進めた結果、うつ病の原因はセロトニンの不足ではないと考えられるようになりました。セロトニン自体が足りないのではなく、セロトニンを受け取る神経細胞のほうに異常が起きることでうつ病になるのではないかというのが、現在の見立てです。

とはいえ、それも最終的な結論と呼べるものではありません。新たな発見があれば、また違ったアプローチの薬が開発されることになるでしょう。

そもそも、仮に薬がもっと発達したとしても、それだけで精神疾患がすべて解決するとは思えません。それは、脳の「ハード」を修理することしかできないからです。

もし脳のハードを治せばすむのであれば、いずれiPS細胞のような万能細胞による再生医療によって、必要な部分を「新品」と交換できるようになることで、薬さえ不要になるでしょう。

しかしコンピュータの場合、どんなにハードを完璧につくり上げても、それとは無関係にソフトはバグを起こします。人間の脳でも、同じようなことはあり得るでしょう。

今のところ、うつ病や統合失調症は「ハードの病気」だと考えられていますが、実際はどうなのかわかりません。実は「ソフトのバグ」のようなものなのだとしたら、どんなに脳科学が進歩しても、それだけで治療することはできないのです。

▼実証的な「科学」としての心理学

それに対して、心理学のほうは脳を直接いじるわけではないので、生身の人間を使って「実験」を行うことができます。あるインプットに対して、どのようなアウトプットが行動として表れるのか。それを大勢の被験者に対して実験し、統計を取れば、「脳のソフト」がどのように働いているのかがわかるでしょう。

そのような実験を通して得られた結論は、そう簡単にはゆるぎません。イワン・パブロフが犬の実験によって条件反射という現象を明らかにしたのは20世紀初頭のことですが、100年経った現在でも、その知見は生きています。

ドイツの心理学者ヘルマン・エビングハウスが調べた「エビングハウスの忘却曲線」も、そんな業績の一つ。彼は、被験者に意味のない3文字の綴《つづ》りを暗記させ、それをどの程度まで覚えていられるかを実験しました。そこでわかった記憶と忘却の時間的な関係は、150年後の今でも否定されていません。

そう考えると、人間の特性や傾向を明らかにする上では、脳科学よりも心理学のほうが実証的だとさえいえるでしょう。

一般的には、脳科学のほうが「科学的」で、心理学にはやや胡散臭いイメージがあるかもしれません。しかし、たしかな実験や経験則などに基づいて築き上げられた心理学は、十分に科学的な学問なのです。

▼「ハードの故障」が治っても問題は解決しない

「ソフトのバグ」としての精神疾患が存在する以上、心理療法が不要になることはあり得ません。その心理療法を軽視している日本の精神医学は、きわめてアンバランスな状態です。

脳の画像診断を専門にしている、世間でトップ校の扱いを受ける大学の医学部教授の中には、「患者の話なんか聞いているから誤診をする。画像診断だけやっていれば、うつ病や統合失調症の誤診はあり得ない」などと断言する人もいます。

そういう学者から見れば、フロイトの精神分析にしろ、アドラーの個人心理学にしろ、森田療法にしろ、およそ心理療法と名のつくものは、どれも勘や経験則に基づく非科学的な精神医学だということになるのでしょう。

しかし私は、人間の心や精神がそんなに単純なものだとは思えません。もちろん脳のハードを理解するために画像診断技術が進歩するのはすばらしいことですが、それだけでソフトも含めたすべてがわかるわけではないでしょう。

それに、たとえばうつ病が「ハードの故障」であり、それを脳科学で完治させることができたとしても、それは患者にとって「部分」の話にすぎません。重要なのは、患者の生活や人生を全体として見たときに、医療がどのような役割を果たせるかということです。

実際、うつ病が治っても社会適応がうまくいかない人は大勢います。逆に、うつ病を抱えながらもうまく社会に適応して暮らしている人もいる。前者を生み出すのが生物学的精神医学で、後者をサポートできるのが森田療法のような心理療法です。

体の病気まで視野を広げれば、たとえば高血圧や糖尿病などを抱えながら仕事をし、ふつうの社会生活を営んでいる人は山ほどいるでしょう。身体障害を持ちながら人生を楽しく暮らしている人も大勢います。そう考えると、「病気を抱えながら社会でいかに生きていくか」は、きわめて現代的なテーマではないでしょうか。

「医者は病気だけ治していればいい」という人もいるでしょうが、そのような部分論はもはや時代遅れだと私は思います。全体論的な立場から患者のＱＯＬを高めるのが、これからの医療に求められる役割にほかなりません。それを１００年近く前から志向していたのが、アルフレッド・アドラーであり、森田正馬でした。

▼人が最終的に求める「幸福」とは

脳科学に基づく精神医学で解決できるのは、客観的な（本当に客観的なものがあるかどうかも疑わしいですが）問題だけです。それが科学だといってしまえばそれまでですが、どんなに科学が進歩しても、人間の心には主観的な世界があることに変わりはありません。そして、人間が求めるのは結局のところ主観的な幸福でしょう。

なかには、たとえば「金銭」という客観的なモノサシで測れる幸福しか信じないという人もいるとは思います。年収が多ければ多いほど幸福度も大きいと考えるわけです。

しかし、スタンフォード大学の心理学の教授で、ノーベル賞受賞者でもあるダニエル・カーネマンが始めた行動経済学の研究によると、人間の幸福感はあるところまでは収入が増えるほど高まりますが、年収が一定以上になると逆に下がってしまうといいます。

たしかに、収入が増えればセキュリティの心配もしなければなりませんし、お金目当てで近寄ってくる人間への警戒心も高まるので、精神的なストレスは増えるでしょう。人間の幸福には必ず、そういう客観的なモノサシでは測れない部分があるわけです。

その主観的な幸福は、どうあがいても客観的な科学では扱うことができません。科学が進歩しても、その技術によって人間の主観世界を変えることはできないでしょう。たとえば・iPS細胞が本格的に実用化されれば、心臓でも皮膚でも若返らせることができるようになるかもしれません。では、脳はどうか。

運動機能を司る部分などは、iPS細胞で若返りが可能でしょう。しかし、大脳皮質にiPS細胞を移植して初期化したとき、そこに書き込まれていた情報はどうなるか。それをコピーして移植することは、おそらく不可能です。それが、科学では扱えない人間の主観にほかなりません。それを脇に置いて進む医学が、人間の全体的な幸福に寄与できるとは、私には思えないのです。

▼心理療法の「裏トレンド」

だからこそ、精神医学の分野から心理療法がなくなることはありませんし、なくしてはいけないと思います。そして、人間の主観に関わる医療だからこそ、心理療法は単に「病気を治す」だけのものでは終わりません。

もちろん、それが医療である以上、「早く安く病気を治す」のは重要な使命です。事実、心理療法の世界ではそれを目指すのがトレンドとなってきました。

それが行き着いたのが、認知療法や行動療法です。精神分析や森田療法（これは時々ものすごい短期治療になることはあるのですが）のような心理療法と比べると、認知療法や行動療法はすぐに効果が出ますし、お金もあまりかかりません。

でも、それは心理療法のいわば「表のトレンド」です。本書をここまで読み進めてくれば、その背後にもう一つ「裏のトレンド」があるのがわかるのではないでしょうか。

それは、患者の「生き方」にどう関わるかという問題です。

フロイトの精神分析は、「いかに神経症を治すか」というところから始まりました。ダーウィニズムの影響を受け、人間を特別視しないのが信条の「科学者」ですから、自分の患者が「いかに生きるか」ということなど考えたこともなかったでしょう。

そして、フロイトと同じ時代に、患者の病気以外のところまで視野を広げ、主観的な幸福をどう実現するかを考えたのがアドラーです。彼は医療から離れた教育の世界にも踏み込み、教育の目的は「社会適応」だと考えました。そのために心理学を使い、より良い「生き方」を模索したのです。

そんなアドラー心理学の特徴を端的に物語っているのが、前章でも紹介した「共同体感覚」の概念だと私は思います。

自分の利益だけを考えるのではなく、共同体の利益も考えて行動できる人間が良好な人間関係を築けるとアドラーは考えました。アドラーにとって、あらゆる人間の悩みはすべて対人関係の悩みですから、心の苦しみから逃れるには共同体感覚こそが不可欠の要素ということになります。

このような発想は、心理療法の「裏トレンド」として脈々と受け継がれました。コフートやストロロウなどのツー・パーソン・サイコロジーの背後にも、それは流れています。

もっとも、コフートやストロロウの心理学は、あくまでも病気を治すことが主目的です。しかし1990年代には、「より良く生きる」ことを目的にした心理学本がベストセラーになりました。ダニエル・ゴールマンの『EQ　こころの知能指数』です。

同書でゴールマンは、「IQが高いだけでは人生で成功を収めることはできない」ということを強調しました。組織の中で上司や部下との人間関係をうまくつくり、多くの人とチームを組んでやっていくには、他人の感情を読み取り、それに共感する能力などが欠かせません。それがゴールマンのいう「こころの知能指数」です。この本は、心理学本というより、自己啓発書として多くの読者を獲得しました。

これが、アドラーを源流とする「裏トレンド」の近年における到達点だと私は思っています。ゴールマンは同書の中でアドラー心理学に言及こそしていませんが、何らかの形で間接的な影響を受けているのは間違いないでしょう。

▼自分にとって「役に立つ心理学」とは

いずれにしろ、フロイトとアドラーに端を発する臨床心理学は、100年かけて川幅を徐々に広げながら、現在にいたっています。

一方には「早く安く病気を治す」役割を果たす認知療法や行動療法があり、一方には「より良く生きる」方策を提示する自己啓発のための心理学がある。その両端のあいだにも、原因論から目的論まで、部分論から全体論まで、あるいは軽症を治すものから重症患者を相手にするものまで……などなど、さまざまな心理療法のグラデーションが広がっています。

そして、こと心理療法に関しては、どれが正しくてどれが間違っているということはありません。いろいろなタイプの心理療法が存在することに大きな意味があります。いろいろな心理学があるということは、いろいろな「道具」があるということだからです。

私はかつてアメリカに留学していたことがありますが、そこでいちばん良かったと思うのは、さまざまな流派の治療法を学べたことでした。

臨床家は患者を選べませんから、できるだけ多くの相手に対応できるスキルが求められます。ですから、治療に「使える道具」は多いに越したことはありません。いろいろな流派の治療法を知っていれば、あるやり方を試して効果が出なかったときに、それとは別のやり方を試してみることができます。

患者のために良い治療をするのが目的ですから、流派に対するこだわりを持つ必要はないでしょう。コフート流がうまくいかなければ、フロイト流でも森田流でも、使えるものは何でも使えばよいのです。

これは、患者の側にとっても同じでしょう。心理療法を受けるときに、「どれが正しいのか」を考える必要はありません。考えるべきは「どれが自分のニーズに合っているのか」ということです。最初からどれが合うのかはわからないでしょうから、試行錯誤をしてかまいません。どこかに必ず、自分に合う心理学があるはずです。

なかには、ちょっと怪しげな雰囲気の心理療法もないわけではありません。「前世療法」のような、占いなのか医療なのか判然としないものもあります。

でも、それによって病気が治ったり、不安や恐怖で苦しかった心がラクになったり、より良い生き方が見つけられたりするのであれば（現実にそういう人がいるから治療法として生き残っているのです）、それがその人にとって「役に立つ心理学」なのではないでしょうか。

おわりに

本書をお読みになってどのような感想を持たれたでしょうか？

短いページ数の中に、現代の心理療法の主要理論のほとんどを詰め込んでしまったために、一つひとつの解説が十分ではなかったかもしれません。

ただ、私が言いたかったことは、きわめてシンプルです。

一つは、人間の心をどう見るか、どう考えるか、どう治していくか、などということは、一つの理論で説明のつくものでなく、いろいろな考え方がある、ということです。

人の心というものは、そんな単純なものでなく、いろいろな見方ができるということです。

二つめは、そうはいっても、それらの理論は、みんな現在まで生き延びていて、多くの人の心を救ってきたり、改善してきたのですから、どれもがある意味で正しいということです。

三つめは、だとすれば、自分の心を理解し、ラクにしていくためにも、あるいは人間関係や仕事の動機づけなどのためにも、ある理論が自分に合わなくても、別の理論なら合うかもしれないと考えてみることが大切だということ。ほとんどの人は、自分に合う、自分に役立つ心の理論を見つけられるはずなのです。

われわれ精神科医や臨床心理のカウンセラーは、そのために、より多くの理論を知る必要があるし、一つの心の治療法でうまくいかなければ、別のことをトライし続けていく必要があると私は思っています。

「自分らしく生きる」こととは、自分の心に合った、自分になら役立つ心理学を見つけ出し、これからの人生を上手に、ラクに生きていくことなのではないかと私は思うくらいです。

本書が、その一助になればと願っています。

末筆になりますが、本書の編集の労をとっていただいた岡田仁志さんと、青春出版社の中野和彦さんには、この場を借りて深謝いたします。

平成26年7月

和田秀樹

〈おもな参考文献〉

・Mitchell,S.A.& Black,M.J. : Freud And Beyond : A History of Modern Psychoanalytic Thought : Basic Books
・アーネスト・ジョーンズ、『フロイトの生涯』（竹友 安彦・藤井 治彦訳）、紀伊國屋書店
・アルフレッド・アドラー、『個人心理学講義――生きることの科学』（岸見一郎訳）、アルテ
・アルフレッド・アドラー、『子どもの教育』（岸見一郎訳）、一光社
・アン・フーパー ジェレミー・ホルフォード、『初めてのアドラー心理学』（鈴木義也訳）、一光社
・アンリ・エレンベルガー、『無意識の発見 上下』（木村敏・中井久夫監訳）、弘文堂
・エドワード・ホフマン、『アドラーの生涯』（岸見一郎訳）、金子書房
・岸見一郎、『アドラー心理学入門』（ベスト新書）、ベストセラーズ
・北西憲二・中村敬編著、『森田療法』（心理療法プリマーズ）、ミネルヴァ書房
・森田正馬、『神経質の本態と療法』、白揚社
・和田秀樹、『日本人に合った「こころの健康法」』、新講社
・和田秀樹、『悩み方の作法』（ディスカヴァー携書）、ディスカヴァー・トゥエンティワン
・和田秀樹、『〈自己愛〉の構造』、講談社
・和田秀樹、『心と向き合う臨床心理学』、朝日新聞出版
・和田秀樹、『痛快！心理学』、集英社インターナショナル

青春新書
INTELLIGENCE

こころ涌き立つ「知」の冒険

いまを生きる

〝青春新書〟は昭和三一年に──若い日に常にあなたの心の友として、その糧となり実になる多様な知恵が、生きる指標として勇気と力になり、すぐに役立つ──をモットーに創刊された。

そして昭和三八年、新しい時代の気運の中で、新書〝プレイブックス〟にその役目のバトンを渡した。「人生を自由自在に活動《プレイ》する」のキャッチコピーのもと──すべてのうっ積を吹きとばし、自由闊達な活動力を培養し、勇気と自信を生み出す最も楽しいシリーズ──となった。

いまや、私たちはバブル経済崩壊後の混沌とした価値観のただ中にいる。その価値観は常に未曾有の変貌を見せ、社会は少子高齢化し、地球規模の環境問題等は解決の兆しを見せない。私たちはあらゆる不安と懐疑に対峙している。

本シリーズ〝青春新書インテリジェンス〟はまさに、この時代の欲求によってプレイブックスから分化・刊行された。それは即ち、「心の中に自らの青春の輝きを失わない旺盛な知力、活力への欲求」に他ならない。応えるべきキャッチコピーは「こころ涌き立つ〝知〟の冒険」である。

予測のつかない時代にあって、一人ひとりの足元を照らし出すシリーズでありたいと願う。青春出版社は本年創業五〇周年を迎えた。これはひとえに長年に亘る多くの読者の熱いご支持の賜物である。社員一同深く感謝し、より一層世の中に希望と勇気の明るい光を放つ書籍を出版すべく、鋭意志すものである。

平成一七年　　　　刊行者　小澤源太郎

著者紹介
和田秀樹〈わだ ひでき〉
1960年大阪府生まれ、精神科医。東京大学医学部卒業後、東京大学付属病院精神神経科助手、アメリカ・カールメニンガー精神医学校国際フェロー等を経て、現在、国際医療福祉大学大学院教授(臨床心理学専攻)、川崎幸病院精神科顧問、一橋大学経済学部非常勤講師、和田秀樹こころと体のクリニック院長。専門は、老年精神医学、精神分析学(特に自己心理学)、集団精神療法学。
主な著書に『「うつ」だと感じたら他人に甘えなさい』(PHP新書)、『いい人は本当は「怖い人」』(新講社)、『医学部の大罪』(ディスカヴァー携書)など多数。

比《くら》べてわかる!
フロイトとアドラーの心理学《しんりがく》
青春新書 INTELLIGENCE

2014年8月15日 第1刷

著者 和《わ》田《だ》秀《ひで》樹《き》

発行者 小澤源太郎

責任編集 株式会社プライム涌光
電話 編集部 03(3203)2850

発行所 東京都新宿区若松町12番1号 〒162-0056 株式会社青春出版社
電話 営業部 03(3207)1916 振替番号 00190-7-98602

印刷・中央精版印刷 製本・ナショナル製本

ISBN978-4-413-04430-1